VOM REICHTUM
DER ARMUT

Alois Grasmayr

VOM REICHTUM DER ARMUT

Eine Autobiographie

Herausgegeben von
Johann N. Aigner
und
Franz Paul Enzinger

Textredaktion
Reinhard Schmid

VERLAG DER SALZBURGER DRUCKEREI

Der vorliegende Text beruht auf jener Manuskript-
sammlung mit dem Titel „100 Geschichten aus einem
Leben", die Alois Grasmayr noch zu Lebzeiten seinem
Schüler und Freund Johann N. Aigner für eine even-
tuelle Veröffentlichung anvertraut hat.

Die Herausgabe dieses Buches wurde durch das Amt
der Salzburger Landesregierung gefördert.

1. Auflage 1990

INHALT

VORWORT

Das 1984 im Verlag der Salzburger Druckerei erschienene Buch „Der Faust vom Mönchsberg", in dem Oberschulrat Johann N. Aigner aus Neumarkt am Wallersee in einer faszinierenden Weise über das Leben und Schaffen Alois Grasmayrs berichtete, war innerhalb weniger Wochen vergriffen. Mit der Biographie gelang es, eine großartige, eigenwillige, höchst interessante Salzburger Persönlichkeit bekanntzumachen und Interesse für die Lebensphilosophie Alois Grasmayrs zu wecken.

Da paßt es nun sehr gut, daß im vorliegenden Werk Alois Grasmayr selbst zu Wort kommt und aus seinem ungewöhnlichen Leben erzählt. Dem Verlag der Salzburger Druckerei ist es zu danken, daß die „Geschichten" aus Grasmayrs Leben, für die zu Lebzeiten des „Fausts vom Mönchsberg" kein Verleger gefunden werden konnte, jetzt als Buch mit dem treffenden Titel „Vom Reichtum der Armut" erscheinen. Das Manuskript dieses Buches stammt aus Grasmayrs Nachlaß, dessen Verwaltung mir Oberschulrat Aigner, mein langjähriger Chef, Lehrmeister und väterlicher Freund, anvertraut hat. In unzähligen Gesprächen hat er mir von Alois Grasmayr erzählt, und ich bin überzeugt, daß dieser ungewöhnliche Denker heute noch – oder wieder – aktuell ist, hat er doch dem engagierten Leser der Jetztzeit viel zu sagen.

Alois Grasmayr wurde am 28. März 1876 in Hohenzell bei Ried im Innkreis geboren. Seine Kindheit verbrachte er auf dem elterlichen Bauernhof im Innviertel. Nach dem Besuch der Salzburger Lehrerbildungsanstalt kam er als junger Dorfschullehrer in die Steiermark. Da trat durch die Verehelichung mit Magda Mautner-Markhof, einer Tochter aus der Wiener Großindustriellenfamilie, eine bedeutsame Wende ein: Grasmayr erwarb in der Stadt Salzburg zwei

Hotels und zwei Gasthöfe und errichtete eine Villa auf dem Mönchsberg. Es war zugleich das Ende seiner über alles geliebten Lehrtätigkeit.

Viele Salzburger kannten ihn, viele verkannten ihn. Sie schätzten ihn als extravaganten Reichen, als Original ein; daß er aber auch eine außerordentliche Dichterpersönlichkeit mit Welterfahrung war, das wußten nur die wenigsten. Aus seiner Feder stammen „Homer, Bibel und Faust", „Die dunklen Engel", „Die sieben Berge der Bibel", „Die Faustfibel" und schließlich sein Hauptwerk, das „Faustbüchl", das er ebenso wie das Don-Quixote-Thema in Salzburger Mundart verfaßte. Im „Faustbüchl", 1949 im Verlag „Das Silberboot" in Salzburg erschienen, gibt Grasmayr eine äußerst bemerkenswerte Deutung des Goetheschen Faust, eine Auslegung, die „no in koan Büachl gstandn is". Alois Grasmayr wagte sich nicht nur an den ersten Teil dieser monumentalen Dichtung, sondern auch an den wegen seiner dunklen Allegorie und seiner romantisch-mystischen Gedankenwelt vernachlässigten zweiten Teil. So beschäftigte er sich über vier Jahrzehnte lang, den Großteil seines Lebens, mit dem Fauststoff und suchte das Wesentliche der gedichteten und verdichteten Gedanken in „einem der größten geistigen Bauwerke aller Zeiten".

Einblick in das ungewöhnliche Leben des Menschen Grasmayr gewähren die von ihm aufgezeichneten „Hundert Geschichten aus einem Leben", die im Laufe der Jahre die Zahl hundert weit überschritten haben und die nun unter der Überschrift „Vom Reichtum der Armut" vorliegen: Grasmayr sah sich selbst als der arme Reiche, dessen innerer Reichtum in der Zeit materieller Armut größer gewesen war. Im Alter von 79 Jahren verstarb Alois Grasmayr am 11. März 1955 in Salzburg.

Der weitgereiste Lehrer, Hotelier und Schriftsteller war mit Hermann Bahr, Peter Rosegger und besonders eng mit dem Salzburger Kunstpädagogen Ludwig Prähauser befreundet. Zu seinem literarisch-kul-

turellen „Mönchsbergkreis" zählten unter anderem
so bedeutende Dichter wie Stefan Zweig, Felix Braun
und Richard Billinger.

Johann Aigner gewann schon als junger Zögling der
Lehrerbildungsanstalt die Sympathien Grasmayrs; er
hielt sich oft in der Grasmayr-Villa auf, er lernte mit
den Grasmayr-Söhnen, unterhielt sich und diskutier-
te mit ihnen und begleitete sie und ihren weisen Vater
auf abenteuerlichen Fahrradtouren. Dieses Buch soll
auch ein Geschenk sein für Oberschulrat Aigner zur
Vollendung des 85. Lebensjahres. Es soll das zeitlose
Gedankengut Alois Grasmayrs verbreiten, wie es der
unkonventionelle Autor selbst aufgezeichnet hat.
Dem Leser mag es eine Richtschnur für sein eigenes
Leben und eine Bestätigung dafür sein, daß materielle
Werte nicht das Wesentliche sind.

Franz P. Enzinger

BAUERNKINDHEIT

„. . . taufe ich dich im Namen des Vaters und des Sohnes und des Heiligen Geistes!" Erst eine Nacht, aber noch keinen Tag war ich alt, als diese Worte über mich gesprochen wurden – und um ein Haar wäre mein erster Tag auf Erden zugleich mein einziger geblieben. Und das kam so:

In meiner Heimat war es üblich, ein Kind schon in seinen ersten Lebenstagen taufen zu lassen. In meinem Fall hatte diese besondere Eile auch durchaus gute Gründe, war doch meine Mutter eine zarte, ja schwächliche Bauersfrau und dazu noch zehn Jahre älter als mein damals 27jähriger Vater. Ihr erstes Kind hatte nur wenige Tage überlebt, und ich, ihr zweites, sah nun auch ganz und gar nicht danach aus, als ob ich vorhätte, um sehr vieles länger die Luft dieser Erde zu atmen.

Die Taufe verschlief ich, und so legte man das leichte Bündel mit dem neuen Erdenbürger beruhigt auf eine Bank im Gasthaus, in das sich nach der heiligen Handlung alle dem Brauche nach begaben. Der Taufpate spendierte für die Hebamme und auch die jüngste Schwester meines Vaters einen Krug Met – kein ganz harmloses Getränk für eine 14jährige; und weil man fürchtete, sie könnte zuviel davon kriegen, selber aber durchaus gerne noch ein wenig sitzen bleiben wollte, gab man ihr den ehrenvollen Auftrag, mich nach Hause zu tragen.

Es war ein ungewöhnlich schwüler, feuchtwarmer Vorfrühlingstag Ende März, und meine junge Tante wählte daher zwecks Wegersparnis eine Abkürzung steil bergauf durch ein Eichenwäldchen. Am oberen Rand des Haines angekommen, setzte sie sich unter einen der schattenspendenden Bäume, legte den sanft schlummernden Säugling neben sich ins Gras und nickte – ermüdet vom Met und dem heißen Fußmarsch – kurz darauf ein. Bei Tage zu schlafen, gilt in bäuerlichen Kreisen als große Ungehörigkeit; entsetzt wurde sich meine Betreuerin dieser Verfehlung nach baldigem Aufschrecken bewußt. Vom kurzen Schlaf noch halb benommen, sprang sie auf und eilte nach Hause. Als sie nach einer Viertelstunde hastig zurückgelegten Wegs das Haus vor sich sah und überlegte, was nun wohl daheim zu tun wäre – da fuhr ihr panisches Entsetzen in die Glieder: das Kind! Im Eichenwald treiben sich die Schweine der Bauern herum; wenn die das Bündel finden, dann wühlen sie die paar Kilo weiches Fleisch aus dem Kissen, und vom Täufling bleibt nichts weiter übrig als herumgestreute Stoffetzen!

Von Angst gejagt und von schrecklichen Visionen gefoltert, stürmte sie den Weg zurück – und da lag ich: noch immer in friedlichstem Schlummer, wie völlig unberührt von der ausgestandenen Lebensgefahr, als ob mir alle Unbill dieser Welt auch nicht ein Haar zu krümmen vermöchte.

Nun, ganz so robust und unverwundbar war meine physische Verfaßtheit leider nicht – die ersten Jahre meines Lebens verbrachte ich vielmehr mit der ausgiebigen Absolvierung sämtlicher damals auf dem Lande üblichen Kinderkrankheiten. Wie mich meine Mutter ohne jede ärztliche Hilfe – die wäre viel zu teuer gewesen – dennoch am Leben erhielt, das war auch mancher zu Besuch weilenden Nachbarin ein Rätsel, denn mehr als einmal geschah es, daß die Besucherin – wenn ich ein dünnes Wimmern von mir gab – voller Erstaunen rief: „Ja, lebt es denn *noch,* dein Büberl?"

Nur wenig klare Erinnerung an das Äußere meiner Mutter ist mir geblieben. Ein stiller, ernster Mensch war sie allzeit, von dem man selten nur ein lautes Lachen oder gar ein heftiges Wort zu hören bekam. Sie war geprägt von einer unaufdringlichen Frömmigkeit und einem festen Glauben an Vorahnungen, Geister und Gespenster, so daß es nicht weiter verwunderte, daß sie ihren eigenen baldigen Tod richtig voraussagte. Ein paar Jahre nur war sie zur Schule gegangen, des Lesens mangelhaft, des Schreibens noch weniger mächtig, und so war sie in fast allem der leibhaftige

Gegensatz zu meinem Vater, der stets singend und pfeifend durchs Haus ging, unerschöpflich war im Ausdenken und Erzählen kuriosester Geschichten und Scherze, und der im übrigen so gut wie alle Leute kannte und auch anredete. Zwischen diesen beiden einander so unähnlichen Menschen verbrachte ich als deren einziges Kind die ersten acht Jahre meines Lebens.

Es waren gute Jahre trotz tiefer Armut – und grade deshalb reich: reich an kleinen und großen unvergessenen Mosaiksteinen einer Bauernkindheit, an die sich zu erinnern mir Stoff für mehr als nur ein Buch liefern könnte, und jedes dieser bunten Bilder steht mir noch deutlich vor den Augen:

In der Küche des alten Bauernhauses stand ein großer offener Herd. Sah ich meiner Mutter beim Kochen am offenen Feuer zu, so konnte ich hören, wie etwa die zuvor in Teig getauchten Brotschnitten in der großen Backpfanne oben auf dem Herde lärmten und brutzelten. Ich aber wollte das auch *sehen*. So stellte meine Mutter den eisernen Schusterdreifuß auf den breiten Herd neben das Feuer, ich nahm drauf Platz und konnte nun sitzend die aufregenden Ereignisse in der Pfanne von oben aus bequem verfolgen. Das stille Lächeln im vom Herdfeuer erleuchteten Gesicht meiner Mutter war mir dabei nicht minder wichtig.

Die Mutter war es auch, die die einzige Zeugin meiner ersten und vielleicht größten Heldentat werden sollte. In der kleinen Stadt war Jahrmarkt gewesen, und von dort hatte es mir ein Onkel mitgebracht: ein faustgroßes, mit buntem Papier beklebtes Holzkästchen, dessen Deckel durch ein kräftiges Häkchen festgehalten wurde – bis ich ebendieses Häkchen zurückschob.

Da sprang der Holzdeckel ungestüm auf, und aus dem Kästchen fuhr ein kleiner, spannhoher Teufel mit kurzen, dicken Hörnern und einer drohend roten Zunge. Er schwankte heftig hin und her und war zweifellos lebendig, denn er zitterte und zappelte vor Gier

15

und wollte sich nicht und nicht beruhigen. Es war offenkundig, daß er nur noch überlegte, ob er aus dem Kästchen herausspringen und sich auf mich stürzen sollte. Dem mußte man zuvorkommen: Ich packte den Teufel samt Gehäuse und trug ihn mit vorsichtig ausgestreckten Armen vor mir her, hinaus in die Küche: Dort stand ein großer Bottich mit Wasser. In den steckte ich den gehörnten Satan mit dem Kopf voraus und hielt ihn so lange unter Wasser, bis er nach vorsichtiger Einschätzung ganz sicher ertrunken war. „Wat Lulla!" rief ich dabei zu wiederholten Malen aus, „Wat Lulla!", was soviel hieß wie „Warte nur, du Luder!" – die erste im genauen Wortlaut überlieferte Äußerung meines Lebens.

Von diesem ersten Kampf mit den bösen Mächten dieser Welt weiß ich selbst nur aus dem Bericht der Mutter. An meinen allerersten Versuch als Schriftsteller jedoch erinnere ich mich genau. Der Schneider war einige Tage bei uns gewesen und hatte neben allerlei Fleckerln und Abschnitzeln auch ein Stück weicher Schneiderkreide hinterlassen – ein kostbarer Schatz für ein Bauernkind! Vater, Mutter und die Magd waren zur Kirche gegangen, und ich brachte diesen ungestörten Vormittag damit zu, alle Türen in Haus und Hof mit derselben Kreideinschrift zu verzieren: „Ich bin der wanderre Thod" waren die mysteriösen Worte, die bei der Rückkehr der Kirchgänger, von ungelenker Kinderhand geschrieben, auf Hoftor, Haustür, Stubentür, an jeder Kastentür und allen Türen in Stall und Wagenhütte, im Heustadel oder sonst einem Gebäude des Hofes prangten.

Den Sinn der Inschrift vom wandernden Tod habe ich in diesem zarten Alter wohl nur recht dunkel gefühlt; und es wäre gewiß abwegig zu behaupten, der baldige Tod meiner damals noch durchaus gesunden Mutter hätte sich auf diese seltsame Weise angekündigt.

Es war an einem wundervollen Nachmittag im Mai; der Vater hatte mich aus dem Stübchen, in dem die Mutter sterbend lag, hinausgeschickt ins Freie. Draußen schien die Sonne, die Blumen und die Obstbäume rings um das Haus blühten, und die Vögel sangen. Als man mich wieder hineinrief, brannten zwei Kerzen am Bett der mit gefalteten Händen still daliegenden Mutter.

Wie oft es geschah, daß ich in einer besonders schönen Mondnacht samstags erst spät nach Hause kam, weiß ich nicht zu sagen. Nicht selten aber sah ich an solchen Abenden noch Licht in der Stube, der volle Mondschein fiel mit mattem Schimmer in den ziegelgepflasterten Hausflur und beleuchtete dort eine, öfter auch zwei Reihen schwerer Holzschuhe, die vor der Stubentür standen; an ihrem Aussehen und dem Grad der Abnützung erkannte ich mit Leichtigkeit, wer drinnen in der Stube saß. Die war bei solchen Gelegenheiten nicht selten vollgestopft mit Bauern aus den benachbarten Dörfern; dennoch war es sehr still, nur einer redete. Eine kleine, zylinderlose Öllampe qualmte auf dem Tisch, und ihr kaum fingernagelgroßes Flämmchen erleuchtete spärlich flackernd nur das Gesicht meines Vaters – die dichtgedrängt um den Stubentisch versammelten Bauern versanken in der alles umhüllenden Dunkelheit.
Sie saßen regungslos und lauschten gebannt den Erzählungen meines Vaters. Nur bei den Zuhörern orientalischer Märchenerzähler habe ich – dreißig Jahre später – noch einmal so vollkommen versunkene Gesichter gesehen.
Mein Vater war ein Erzählgenie; *was* er erzählte, war nahezu egal, aber *wie* er auch die belanglosesten Dinge zu präsentieren verstand, das war so bildhaft und lebendig, daß mancher später oft Mühe hatte, das solcherart Gehörte von Selbsterlebtem zu unterscheiden. Mein Vater beschrieb Menschen so plastisch, daß

jeder imstande gewesen wäre, sie auf der Straße unter
vielen herauszufinden; und war er besonders in Stimmung, dann machte es ihm großen Spaß, seine Zuhörer langsam und unmerklich über die Grenze zwischen Möglichem und Unmöglichem zu führen. Mit
tiefem Ernst und größter Sachlichkeit erzählte er zuweilen die haarsträubendsten Geschichten, und ganz
genau wußte dann auch der kritischste Zuhörer nicht
mehr, wann es über diese Grenze ging.
Er erfand fast alles im Augenblick des Erzählens; und
kam es einmal über ihn und er hatte gerade keine Zuhörer, dann beschrieb er mit seinem winzigen Blei-
stiftstummel jede nur irgend erreichbare Papierseite;
und so waren meine ausgeschriebenen Schulhefte,
aber sogar auch leere Blätter in meinen Schulbüchern
nicht vor ihm sicher.
Während meiner vier Jahre währenden Gymnasial-
zeit hatte ich auch allerhand Gedichte auswendig zu
lernen. Erwischte aber zufällig mein Vater das Lese-
buch, so konnte er in verblüffend kurzer Zeit all die
Texte auswendig, die ich mir lange und mühsam ein-
pauken mußte.
Großen Spaß machte es ihm, sich bei meinen Profes-
soren über mich zu erkundigen. Dort nämlich spielte
der großgewachsene, breitschultrige Mann gern den
dummen Bauern, sprach jeden mit du an und fragte
die unmöglichsten Dinge mit ernstester Miene. Und
nur einer der gelehrten Herren, selber ein großer und
humorvoller Kerl, fiel nicht darauf herein.

Eine erstaunliche natürliche Begabung hatte mein
Vater für alle Erziehungsfragen. In jenem Alter, in
dem ich den unaufschiebbaren Drang verspürte, mir
und der Mitwelt meine Männlichkeit durch Tabakrau-
chen zu beweisen, tat er mir seine Einstellung dazu
mit den lapidaren Worten kund: „Wennst aa so a Depp
bist wia die andern, nachher rauchst halt!" Das traf:
Nie in meinem Leben habe ich eine Zigarette auch nur
angerührt. In große Gefahr, von ihm als „Depp" be-

trachtet zu werden, geriet ich jedoch Jahrzehnte später, als ich ihm den Kauf zweier großer Hotels in Salzburg mitteilte. Er war entsetzt und mehr noch besorgt darüber, wie das wohl ausgehen würde; und von meinen „gehobenen Vermögensverhältnissen" nahm er für sich selbst keine Kenntnis: so oft er neben mir im Gasthaus ein Glas Bier trank, bestand er darauf, es selbst zu bezahlen.

Mein Vater war, was seine Gesinnung und seine Lebenshaltung betraf, einer der letzten Bauern. Die hereinbrechende moderne Zeit hat mit seinesgleichen aufgeräumt; Maschinen in Haus und Hof, elektrisches Licht und Radio in der Stube bringen ein anderes Geschlecht hervor. Der Lebensbaum dieses neuen Bauernstandes hat viel weiter ausgreifendes Astwerk, aber sein Wurzelstock steckt weit weniger tief in der Erde.

Viel wüßte jeder Sohn von seinem Vater zu erzählen – über meinen könnte ich ein ganzes Buch füllen. Auch lange Jahre in Sorge und Not waren nicht imstande, seine Fabulierlust und seinen Frohsinn zu trüben. Erst die Jahre seiner zweiten Ehe brachten ihn langsam zum Verstummen.

Die Bauernhöfe in meiner Innviertler Heimat sind sogenannte Vierkanter – das Wohnhaus, der Stall, der Heustadel und ein großer Wagenschuppen umschließen im Viereck den Hof. Der hat zwei Zugänge: ein großes Tor für die Fuhrwerke und eine kleine Hoftür für den „Fußgängerverkehr". Damit aber der Hofhund bei Tag wie bei Nacht ungehindert aus- und einschlüpfen kann, ist in der aus Brettern bestehenden kleinen Hoftür ein der Hundegröße angepaßter Ausschnitt – das Hundsloch.

Noch längst war ich nicht schulpflichtig, doch konnte ich heimkommen oder wegbleiben, wie es mir beliebte. Oft war ich daher zum Mittagessen nicht zu Hause, etwa weil ich mich im Wald an köstlichen Beeren sattgegessen hatte; oder weil eine Menagerie in der Stadt gerade ihre Zelte aufbaute; oder aus tausend anderen Gründen. Mein Vater fand das ganz in Ordnung, ich sollte meinen Willen haben; nur mußte ich auch alle Folgen tragen. Hätte ich etwa über Hunger oder sonstige Übel geklagt, die ich mir selber zugezogen hatte, so hätte er mich nur ausgelacht. Durch Erfahrung wird man klug, nicht durch Predigen, war sein wichtigster Erziehungsgrundsatz.

Deshalb schloß er auch, mochte es draußen noch so wettern und stürmen, unerbittlich abends das Hoftor und die Haustür: „Wenn der Bub lieber draußen bleibt, so ist das seine Sache!" Er wußte sehr wohl, wie ich trotzdem ins Haus kam: Ich kroch zur späten Stunde meiner Heimkunft durch das Hundsloch in den Hof, kletterte auf den Brunnen neben der Hauswand und von dort durch eine Luke ins Haus. Viele Jahre ging das so, denn ich war lange ein blasses, dünnes Büblein. Schließlich aber wuchs ich doch aus der Luke heraus und mußte mich des stattlichen Birnbaums neben der Hauswand bedienen. Ich turnte über einen seiner überhängenden Äste auf das alte, flache Holzschindeldach, stieg durch die große Dachluke ins Haus und tappte in völliger Dunkelheit bis ganz hinunter – zu meiner Abendsuppe im Ofenrohr, die mir die Mutter dort verläßlich warmgestellt hatte. Die löffelte ich still im Finstern aus und tastete mich dann wieder hinauf in meine Schlafkammer.

Die nächtlichen Kletterübungen waren recht unbequem und zudem oft gefährlich – sei es, weil das Dach vom Regen glitschig war, sei es, weil ich mir im Dunkeln überreife Birnen in die Tasche gesteckt hatte, in deren ausgenagter Höhlung nicht selten zahlreiche Wespen nächtigten und nun in meiner Hosentasche wach wurden. Aber ich danke – trotz oder gerade wegen all dieser Abenteuerlichkeiten – dem Schicksal und meinem Vater, daß ich in meiner Kindheit zum Aus- und Eingehen keine vornehme Haustür in einer Stadtwohnung hatte, sondern ein Hundsloch.

20

Ein weitläufiger Bauernhof im flachen Hügelland, mit allen Gebäuden und Nebengebäuden, mit Obstgarten, Blumengarten, Wiesen und Wald, den Tieren im Stalle, den Hühnern, den Bienen und all dem unzähligen Kleinkram in Stuben und Kammern – das ist eine Welt für sich, und wer darin aufwächst, der spürt es sein ganzes Leben lang. Die freundliche Gegend meiner Heimat kennt nichts Düsteres: Von Felswänden, Höhlen und Schluchten hört man nur erzählen wie von fremden und geheimnisvollen Dingen in fernen Ländern. Und so müßte alle angeborene Neigung für Dunkel, Geheimnis und Gefahr verkümmern – gäbe es nicht den Heustadel! Kein Bauwerk hat in meinem Leben eine so große Rolle gespielt und es so tief beeinflußt wie der Heustadel meines Vaterhauses.

Heustadel sind gewaltige, mehrere Stockwerk hohe Holzbauten mit einem hohen und steilen Dachstuhl, zwei einander gegenüberliegenden Toren und völlig fensterlos. Betritt man den mächtigen Bau durch die kleine Seitentür, so steht man zunächst in tiefstem Dunkel, das sich nach und nach in die feierliche Dämmerung eines gotischen Kirchenschiffs wandelt. Da und dort durch schmale Ritzen fallende Lichtbahnen machen das mächtige Balkenwerk sichtbar, das den Raum als tragendes Innengerüst bis hoch unter den Giebel durchkreuzt – jedoch nur in den Notzeiten schlechter Erntejahre, wenn die Kühe vorzeitig den Inhalt des Heustadels aufgefressen haben.

Ganz anders im Spätherbst, am Ende eines guten Jahres: Da reicht das Heu rechts und links hoch hinauf, und von dem Riesenskelett des Balkengerüsts ist nichts mehr zu sehen. Viel dunkler ist es geworden im Innern, und alles ist erfüllt und durchdrungen vom Duft der unzähligen Gräser und Kräuter, es riecht intensivst nach Ähren und Stroh. Ganz neue Möglichkeiten für den kleinen Bauernbuben: Das gesamte Balkenwerk ist nun völlig gefahrlos besteigbar, fangen doch die viele Meter hohen Heupolster jeden Sturz in die Tiefe auf, ihn zu unvergleichlichem Vergnügen gestaltend. Barfuß und unbesorgt laufe ich über waagrechte Balken und versuche mich in immer verwegeneren Turn- und Sprungkunststücken – das große dämmrige Reich gehört mir allein!

Doch der volle Heustadel hält noch ganz andere faszinierende Möglichkeiten bereit. Das unter den waagrechten Balken sich setzende Heu erzeugt allerorten Hohlräume und Nischen, die sich zu herrlich geheimnisvoll dunklen Gängen und Stollen ausgestalten lassen! Ein ganzes System davon hatte ich mir jeden Winter angelegt, als dessen Krönung ich mir mit viel Mühe und Fleiß in einer Innenecke der Außenwand eine Lesehöhle einzurichten pflegte. Drin stand eine ganze Reihe von Büchern, und es war eine Lust, an kalten Wintertagen ins warme Heu gewühlt im hellen Licht der Astlöcher stundenlang zu lesen und dabei Äpfel zu essen, die zur Erhöhung des Genusses auf dem Bücherbrett warteten. Die Lage der Lesehöhle war auch für alle Hausbewohner ein tiefes Geheimnis. Doch jedem Gang und jeder Höhle drohte unausweichlich das Schicksal, daß Decke und Wände im Laufe des Winters von den Kühen aufgefressen wurden.

Bevor es aber so weit war, geschah es mit schöner Regelmäßigkeit, daß eine unserer zahlreichen Hennen ihre Eier an einer unauffindbaren Stelle meines Höhlensystems ablegte – und plötzlich mit einer Schar unbemerkt ausgebrüteter Küchlein zum Vorschein kam. Entdeckte ich das Nest jedoch noch rechtzeitig, dann war es ungeschriebenes Gesetz, daß aus diesen Eiern dem Finder eine Eierspeise zubereitet wurde.

Wohl kein anderes Wort hörte ich in meiner Kindheit so oft wie das Wort Milch, kein Begriff schien mir so wichtig. Die Milch nämlich brachte das Seltenste in die kleine ländliche Wirtschaft: das Bargeld. Getreide verkaufen, Obst oder ein Kalb, das war von viel Glück abhängig und nur mit großen Intervallen möglich. Die Milch hingegen wurde jede Woche oder monatlich bezahlt – die einzige halbwegs sichere Einnahme. Ganz sicher war auch sie nicht: Eine kranke Kuh oder eine, die die Hoffnungen auf ein Kalb enttäuschte, brachte Unordnung und Mühe, Kummer und Sorgen.

Ich lernte die Welt zuerst aus der Perspektive der Milch und des Kuhstalls kennen. Freud und Leid kam von den Kühen: das Warten auf die Geburt eines Kalbes beim Licht einer Stallaterne, Kauf oder Verkauf einer Kuh, Viehhändler, Metzgerhund – das waren Ereignisse, die mir viel größeren Eindruck machten als alles, was ich je in der Schule hörte und sah. Das Leben war am Hof. Und tief traf es mein Knabenherz, wenn ich die Mutter weinen sah, weil es ein Unglück gab im Stall oder wir eine Milchkundschaft verloren hatten und nun das wenige Geld nicht mehr zusammenbrachten für die Feuerversicherung oder Steuer.

Die ersten Geräusche, die ich am frühesten Morgen und noch im Bett liegend vernahm, waren das Kochen des Viehfutters in der Stube unter mir und die Geräusche im Stall. Dann wurde gemolken, die weißschaumige Milch in blecherne Milchkannen genauest verteilt und hinausgetragen zum Milchwagerl, das im Winter ein Schlitten war.

Der zweite Teil der Arbeit war der Weg zur Stadt. Im tiefen Winter war es lange noch stockfinster draußen, Weg und Stege tief verschneit. Jede Art von Wetter zu jeder Jahreszeit lehrte mich der Gang mit dem Milchwagerl kennen, denn um sieben Uhr morgens schon hatten wir in der Stadt zu sein: die Kundschaft wartete auf die Frühstücksmilch.

Es waren in der Mehrzahl keine reichen Leute, kleine Beamte, Pensionisten, männliche und weibliche alte Junggesellen, in deren Wohnungen ich zwar nur selten kam – meist blieb ich stehen im Korridor –, dennoch erhielt ich Einblick in ihre mir so fremde Welt durch die Gespräche, die ich kleines, meist kaum beachtetes Bauernbübchen anzuhören bekam. Romane und Familiendramen lernte ich auf diese Weise kennen, lange bevor ich sie aus Büchern las.

Iglseder hieß er, hatte einen funkelnden Zwicker und war ein richtiger Landesgerichtsrat – unsere prominenteste Milchkundschaft. Vor ihm fürchtete ich mich. Wenn aber einmal seine Frau statt der Köchin mir die Milch bezahlte, durfte ich hinein ins landesgerichtsrätliche Wohnzimmer. Mit seinen mächtigen Vorhängen, Teppichen, Lampenschirmen, Wandbildern in Goldrahmen und Polstermöbeln aus rotem Plüsch blieb dieser Raum für mich jahrelang der Inbegriff aller irdischen Herrlichkeit.

Auch ein Gasthaus zählte für einige Zeit zu unseren morgendlichen Milchabnehmern. Oft tat ich dort durch die offene Tür einen Blick in die Gaststube; am Kleiderrechen hingen allerlei Zeitungen, aber auch die *Fliegenden Blätter* und der *Kikeriki*. Und da passierte es einmal, daß ich zugegen war, als die Kellnerin die neuen Nummern einspannt. Die alten legt sie beiseite wie irgendein Papier. Ich hätte nie gewagt, sie darum anzuflehen, aber sie bemerkt meinen lechzenden Blick – und hochbeglückt stapfe ich mit meinem bedruckten Schatz nach Hause, wo ich nun tagelang zu schauen, zu lesen, aber auch zu grübeln habe. Die Faszination des Gedruckten hatte schon früh auf mich zu wirken begonnen, und so sammelte und verwahrte ich ehrfürchtig jeden herausgerissenen Fetzen Einwickelpapier.

Zwischen dem Hauptplatz und dem Kirchenplatz des kleinen Landstädtchens, in dem ich zur Schule ging, hatte an jedem Markttag ein Bücherkrämer einen Tisch aus Kisten und Brettern aufgeschlagen, wo er auch noch Bilder und manch anderen Kleinkram feilbot; ich aber sah nur die Bücher. Bücher – es waren dünne, kleine Heftchen, nicht viel größer als eine Kinderhand, und doch kosteten diese ersehnten Druckwerke sechs Kreuzer: zu viel für einen Bauernbuben. Das Ergebnis von zwei Botengängen ins Nachbardorf aber klimperte eines Tages in Form von genau sechs

Kreuzern in meiner Hosentasche. Voller Angst, der Büchermann könnte seinen Laden schon geschlossen haben, hastete ich noch am späten Nachmittag den halbstündigen Weg in die Stadt – da war er noch, gerade beim Einpacken, und ein Heftchen kam soeben obenauf zu liegen, das ich noch nie gesehen hatte: „Othello, der Mohr von Venedig" stand auf dem Titelblatt zu lesen, darunter der Holzschnitt eines schwarzen Mannes.

Dreifach war meine Kinderphantasie davon angeregt: Der nie gehörte fremde Name, der Mohr, und dazu die Stadt Venedig! Spontan wechselten meine sechs Kreuzer und das Othello-Heftchen den Besitzer.

Auf dem Heimweg widerstehe ich tapfer der Versuchung – ich will das bevorstehende Leseerlebnis zum Inbegriff aller Hochgenüsse ausgestalten! Die Sonne dieses herrlich warmen Spätherbsttages durchleuchtet bereits mit schrägeinfallenden Lichtstreifen den großen Obstgarten um unser Haus. Mit beiden Rocktaschen voller überreifer Zwetschken lagere ich mich mitsamt meinem Büchlein unter einem großen Baum am Hügel und beginne zu lesen. Das reichste Stadtkind hätte nie im Leben so glücklich sein können wie ich armes, jetzt aber begierig lesendes und behaglich Zwetschken essendes Kleinbauernbüblein.

Aber ich hatte noch nicht erfahren, daß jedes Glück von einem bösen Feind bedroht ist – auch mitten im Abendfrieden eines ländlichen Obstgartens: Jago, der elende Schurke, hetzt Othello gegen die schöne Desdemona auf, und meine Angst um sie wächst von Minute zu Minute. Längst habe ich auf die Zwetschken vergessen, sehe nichts vom glühend roten Abendhimmel. Und als auf der letzten Seite des Büchleins die arme Desdemona schließlich tatsächlich von Othello erwürgt wird, kennt mein Schmerz keine Grenzen: Desdemona tot, das Büchlein zu Ende – da rollen mir bittere Tränen über die Wangen, und ohne Abendessen schleiche ich mich elend in meine Schlafkammer. Nur die Hauskatze, die sich wie immer am späten

Abend behaglich schnurrend zu meinen Füßen ein-
rollt, mildert mein Leid und läßt mich langsam in
schweren Schlummer sinken.

Doch zurück zu unseren Milchkundschaften, von denen mir manche zu mehr oder weniger wertvollem
Lesefutter verhalfen. Das erste richtige Buch bei-
spielsweise erhielt ich, wenn auch nur geliehen, von
einem Studenten, der bei einer Milchkundschaft ein
Zimmerchen bewohnte. Es waren *Hauffs Märchen,*
und der Kleine Muck, der Kalif Storch, der Zwerg
Nase und all die anderen wundersamen Gestalten erfreuen das Herz noch sechzig Jahre danach.
Das große, für mich weltbewegende Ereignis trat jedoch ein, als ich eines Morgens mit meiner Milchkan-
ne im Zimmer einer neuen Kundschaft stand, der Witwe eines Gerichtsbeamten. Hinter ihr an der Wand
ragte etwas mir bis dahin völlig Unbekanntes auf: ein
übermannshoher, breiter Glasschrank – und der war
voll mit Büchern! Gebannt und überwältigt starrte ich
auf den unermeßlichen Schatz. Ob ich denn gern lese,
deutete die Witwe meine geistesabwesende Erstar-
rung völlig richtig; und sie reichte mir ein Buch als
Leihgabe, ein Märchenbuch, das ich schon nach wenigen Tagen, in einem schönen neuen Umschlag, zu-
rückbrachte. Das gefiel ihr, so daß sie schließlich eines
großen und unvergeßlichen Tages den Schlüssel zum
Bücherkasten in meine Hände legte – zur unbeschränkten Verfügung.
Es war eine merkwürdige Bibliothek, die neben dem
ganzen Dostojewski auch eine lange Reihe von Roma-
nen wie etwa „Die Dame mit den sechs Unterröcken"
enthielt, und ich verbrachte fast drei Jahre damit, diesen ganzen Bücherkasten auszulesen: von Dante und
Homer über das Nibelungenlied, sämtliche Faustdich-
tungen und Klopstocks *Messias* bis eben hin zu Roma-
nen allerletzter Güte. Wie mein Gehirn das ausgehal-
ten und verarbeitet hat – das mögen andere beurtei-
len, ich selbst vermag es nicht.

26

Ein kleines Landstädtchen in einer abgelegenen Provinz ist eine Welt für sich. Jeder kennt jeden, und das Leben geht jahrzehntelang seinen gewohnten Gang. Auf dieser kleinen Bühne wechseln nur die Schauspieler, das Stück bleibt immer dasselbe. So war es in den friedlichen Jahren des ausgehenden vorigen Jahrhunderts. Auf den Landstraßen traf man nur Fußgänger und Pferdefuhrwerke, denn auch das Fahrrad war noch nicht so recht erfunden. Und in der Luft gab es nur Vögel und die Wolken.

Für den kleinen Bauernbuben vom Schmiedleitengut in Hohenzell war das Städtchen Ried im Innkreis die große Welt, in der er sich lange Jahre fremd und nur geduldet fühlte und der er diente, indem er einigen seiner Bewohner frühmorgens die Milch in den Flur oder in die Küche trug. Daß es darüber hinaus noch eine richtige große Welt gab, stand in den gierig gelesenen Büchern; das mußte man glauben. Zu sehen war von ihr nicht das geringste.

Ein deutliches Zeichen ihrer Existenz sah ich jedoch täglich auf meinem Schulweg, wo das flache Wiesental von einem mächtigen, sehr unnatürlichen fremden Gebilde durchquert wird. Der hohe, steile und schnurgerade Eisenbahndamm erschien dem Kinde als ein ungeheures Bauwerk, als dessen bestaunte Krönung mir das große, ihn durchbrechende Ziegelgewölbe galt, durch das sich Bach und Weg hindurchzwängten. Der Damm selbst war für uns Buben stets umflort vom Schauer und Reiz des Verbotenen. Zuweilen stiegen wir hinauf und schauten und horchten nach beiden Richtungen auf das große Ereignis, das zu Zeiten herandonnerte und mit ungeheurer Gewalt und Schnelligkeit vorübergebraust war, noch bevor wir richtig zu schauen begonnen hatten. Nur die Schienen zitterten noch eine ganze Weile nach. Das war die große und fremde Welt gewesen, von denen die Bücher erzählten.

Ein Vierkreuzerstück war für einen Schulbuben ein beachtlicher Vermögenswert, und es erforderte lange

Überlegung und allerlei Gewissenskonflikte, die dikke Kupfermünze ins Abenteuer zu investieren, indem man sie vor dem herannahenden Dampfroß auf die Schienen legte. Doch das Unternehmen war spannend, sein Ausgang durchaus nicht gewiß, und so schied uns das Vierkreuzerstück bereits in Realisten und Romantiker. Blieb die Münze nämlich unversehrt, so war sie weiterhin ebenso nützlich wie nüchtern. Demgegenüber war das breitgewalzte, warme Kupferplättchen zwar zu allem unbrauchbar, aber seine Erzeugung war spannend gewesen, und sein Aussehen blieb faszinierend. Ich habe ohne Schwanken so manches Kupferstück hingegeben, und es war zweifellos eine schwere Böswilligkeit des Schicksals, daß gerade ich Geschäftsmann werden sollte.

Lärm macht jeden Buben froh. Und der Lärm des vorbeidonnernden Eisenbahnzugs machte gewißlich einen Gutteil seiner Faszination aus. Aber gibt es einen schöneren und kräftigeren Lärm als den eines Schießgewehrs?
Es war in meiner Heimat üblich, daß der Firmling vor dem Hause seines Firmpaten am Neujahrsmorgen einen Schuß abgibt – genannt „das Neujahr anschießen". Je früher man kam und je mehr es krachte, desto größer die Ehre für alle Beteiligten. Der Hinterlader und die Patrone waren für jene Gewehre, die ihren Weg ins Dorf fanden, noch nicht erfunden, und so schüttete man wie weiland im Mittelalter das Pulver in eine möglichst lange eiserne Röhre und stopfte mit einem Ladestock Papierpfropfen drauf. Wollte man „scharf" schießen, so legte man auf das Papier eine Kugel oder Schrot und stopfte neuerlich mit Ladestock und Pfropfen. Nun war geladen, und der Schuß konnte losgehen – oder auch nicht. Denn oft war durch eiliges Laden kein Pulver im Brandröhrchen, noch öfter funktionierte die feuchtgewordene Zündkapsel nicht. Man hatte sich seelisch auf einen mäch

tig dröhnenden Schuß vorbereitet – und nun machte es nur: tack. Mit äußerster Sorgfalt hatte ich daher schon am Silvesterabend mein Gewehr geladen und schlich nun am frühesten Morgen zum Haus meines hoffentlich noch sanft schlummernden Firmpaten. Es ist Brauch in vielen Bauerngegenden, das zu handlichen Scheiten geschnittene Brennholz an der Hauswand, oft bis zu halber Haushöhe, aufzuschlichten, und hinter einer solchen vom Holz umrahmten Fensternische schlief der nun durch einen möglichst mächtigen Schuß zu ehrende „Göd". In Erhoffung einer dadurch noch gesteigerten Wirkung hielt ich den Lauf gegen die Hauswand und drückte ab.

Die Wirkung war überwältigend. Die ganze hohe Scheiterwand, Stolz ihres Errichters und des ganzen Hauses, wurde urplötzlich lebendig, begann in sich zusammenzusacken, zu gleiten und zu rutschen und rumpelte schließlich mit ungeheurem Getöse auf einen mächtigen Haufen zusammen. Die Schläfer drinnen im Haus mochten wohl in heller Panik ihr letztes Stündlein für gekommen halten, jedenfalls hat noch nie ein Firmling bei seinem Paten derart wirkungsvoll seine Neujahrswünsche deponiert.

Ein anderer recht wirkungsvoller Schuß war das Gemeinschaftswerk zwischen mir und meinem Vater. Der nämlich kam eines Tags, voller Spinnweben, aber sehr vergnügt, vom Dachboden herunter in die Stube und hielt einen alten, rostigen Gewehrlauf in der Hand.

Es war ein schöner Herbstnachmittag. Der Vater spannte das Pferd wieder aus, mit dem er aufs Rübenfeld fahren wollte. Wir hatten Wichtigeres zu tun: Wir mußten schießen.

Aber zuerst mußten wir laden. Und wir wollten nicht blind, sondern scharf schießen. Also leerten wir tüchtig Pulver ins Rohr, bis es uns bedenklich wurde. Nach kräftigem Aufstoßen am Boden kam das Papier. „Wenn man's vorher kaut, kracht es besser!" meinte mein Vater, und so kauten wir, stopften das Kauprodukt abwechselnd mit alten Schusternägeln und Kieselsteinen in den Lauf, kauten wieder, stopften nach, und bald ragte der Ladestock erschreckend weit aus dem Lauf. Genug!

Nun galt es, für den Kartätschenschuß ein würdiges, solides Ziel zu suchen. Damals befand sich in der Nähe jedes Bauernhauses dieser Gegend ein kleines, fensterloses, aus Brettern gezimmertes Häuschen, in das sich die Bewohner zeitweilig zurückzogen. Das war das rechte Ziel.

Den Schusterdreifuß ins Freie getragen, in angemessener Entfernung von dem Häuschen aufgestellt, Gewehrlauf drauf und feierlich die Lunte angelegt; dann flüchten wir uns hinter ein paar dicke Obstbäume. Ein dünner, blauer Rauch steigt auf, es ist sehr still. Lang dauert es; dann gibt es einen gewaltigen Krach, der alle unsere kühnsten Erwartungen um ein Vielfaches übertrifft, es prasselt von abgeprallten Kieselsteinen und Schuhnägeln, und dann wird's allmählich wieder ruhig. Nachdem der Pulverqualm verzogen ist, betrachten wir hochbefriedigt unser Werk: Der Schuß ist mitten durch die Tür gegangen, auf einer dreimal handtellergroßen Fläche gibt es nur Einschüsse und Löcher. „Das war ein Schuß, von dem wird man noch reden in den spätesten Zeiten", heißt es im Wilhelm Tell. Unser Schuß jedenfalls hatte zumindest Licht ins Dunkel gewisser Geschäfte gebracht.

Doch nicht nur solch lautstarke Ambitionen zeichneten mich aus – ich hatte durchaus auch friedlichere Wünsche. Etliche Kühe, ein paar Schweine, ein Pferd, auch Hühner und Tauben gab es am Hof, nur keine Schafe – denn Weidegründe lagen in stundenlanger Entfernung. Und ich hätte so gern ein kleines weißes Lämmchen gehabt!

„Du kannst ein weißes Lamperl haben, der Zaunerbauer in Pramerberg hat eins; aber du mußt es dir selber holen." Mit nichts hätte mein Vater mich mehr erfreuen können als mit dieser langersehnten Zusage. Frühmorgens machte ich mich selig auf den Weg, ausgerüstet mit einer improvisierten Landkarte und väterlichen Erklärungen dazu, einem Strick, das Lämmchen dran zu binden, und zwei Schusterlaiberln als Wegzehrung. Drei Gehstunden durch hügeliges Gelände, bergauf und bergab, machten mir keinerlei Beschwer, wenn mir auch die Dörfer immer fremder wurden und immer neue unbekannte Kirchtürme über die Hügel schauten. Zuletzt ging's über einen Bach, und da stand auch schon das Haus, in dem mein Lämmchen sein mußte.

Dem Zaunerbauern brachte ich mein Anliegen vor, den als Kaufpreis vereinbarten Gulden in der Hand haltend. Beim Versuch, den Preis zu drücken, stotterte ich hochroten Gesichts so jämmerlich, daß der Bauer mir gleich zwanzig Kreuzer nachließ – vermutlich hatte der Vater auch diesen Rabatt schon mit ihm vereinbart.

Es war ein Lämmchen, wie ich es mir immer gewünscht hatte und wie alle Lämmchen in den Bilderbüchern aussehen. Mit hüpfendem Herzen und leichtem Sinn trabte ich, meinen Kauf ans Stricklein gebunden, den Hügel hinab.

Zuerst ging es prächtig. Das Lamm war frisch und ausgeruht und trippelte brav an meiner Seite. Bald aber wollte es nicht mehr so recht, mußte gezogen und geschoben werden, bis ich es schließlich zu tragen versuchte, was aber schon nach kurzer Zeit weit über meine Kräfte ging. Da schickte mir die Vorsehung einen Mann des Weges, der schon von weitem den Kampf des kleinen Buben mit dem Lamm gesehen hatte. Es war wohl ein Metzgergeselle; denn sachgerecht drückte er das Lamm auf den Boden, kreuzte die Vorder- mit den Hinterbeinen, band sie mit meinem Strick zusammen und hängte mir das zappelnde Lämmchen so um den Hals, daß ich es auf den Schultern tragen und an den vor meiner Brust gekreuzten Beinen festhalten konnte. So ging es nun viel besser, als ich gedacht und gefürchtet hatte. Waren wir müde, dann setzte ich mich an den Straßenrand und legte mein Lamm neben mich ins Gras.

Aber die Not hatte noch kein Ende. In den Dörfern an der Straße fielen die Hunde über uns her, und ich weinte aus Angst um mein Lamm und schrie um Hilfe, die mir gottlob auch stets teilnahmsvoll gewährt wurde. In den folgenden Dörfern bat ich die Leute gleich am Dorfeingang, mich durch die gefährliche Zone zu geleiten; traf ich jedoch niemanden, so nahm ich weite Umwege in Kauf, um den Hunden auszuweichen, die stets auch mein Lamm in heftigstes Zappeln gebracht hatten.

Erst gegen Abend kamen wir erschöpft und gänzlich ausgepumpt zu Hause an. Das Lamm kam in den Stall, ich ins Bett. Beglückt dachte ich noch einmal an mein weißes Lämmchen und an meinen erhandelten Silberzwanziger, dann schlief ich bis weit in den nächsten Vormittag hinein.

Auch der kleine Horizont eines Bauernkindes, wie ich eines war, weitet sich spätestens mit dem Schuleintritt und der damit verbundenen Pendeltätigkeit zwischen heimatlichem Bauernhof und Schule.

Das Städtchen, in dem ich zur Schule ging, hatte eine große und stattliche Kirche. Wählte man die richtigen Stunden, so war man ganz allein in dem mächtigen Raum, so allein, daß ich mich kaum zu husten getraute, weil es in seinen endlos hohen Gewölben seltsam feierlich widerhallte. Tausend große und kleine Dinge, die es in meiner kleinen bäuerlichen Umwelt nicht gab, konnte ich nun aus allernächster Nähe und aufs genaueste erforschen. So machte mir ein wohl sehr heiliges Gerippe in einem gläsernen Sarg großen Eindruck, der jedoch noch übertroffen wurde durch eine zwei Spannen hohe Figur eines Kapuzinerpaters:

Warf man eine Münze in den Schlitz, dann lohnte es der Kapuziner mit wiederholtem Kopfnicken. Ich opferte so manches Kreuzerlein, um diesen freundlichen Dank zu empfangen.

Bald kannte ich das Innere des mächtigen Gotteshauses auf das genaueste, wußte die Namen in den Kirchenstühlen und die auf den Grabsteinen an der Kirchenwand und hatte detailliert vor Augen, was auf welchem Bild in welchem Seitenaltar gemalt war. Lediglich den Hochaltar betrachtete ich lange mit scheuer Ehrfurcht. Doch als es eines Mittags draußen so gewaltig wetterte, daß sich ganz sicher weder der Mesner noch ein frommes Weiblein durch den Regensturm zur Kirche kämpfen würden – da wagte ich's, schlich mich behutsam an das heilige Riesending heran und an die gewaltigen Statuen zu seinen beiden Seiten. Die aber sahen nur starr ins leere Kirchenschiff und nahmen nicht Notiz von mir. Dennoch brachte ich nicht die Dreistigkeit auf, mich an Plätze zu wagen, auf denen ich nur den Herrn Pfarrer hatte stehen sehen.

Der Hochaltar aber stand frei vor der Apsiswand, und so wagte ich mich dahinter. Seine Rückwand erkannte ich zunächst gar nicht als solche, denn sie hatte mit ihrer Vorderseite, dem goldschimmernden Hochaltar, nicht das Geringste gemein: ein staubiger Aufbau aus Balken und Brettern, geziert von langstieligen Besen, zerbrochenen Blumentöpfen und anderem Gerümpel in allen Ecken und Nischen. Ein Bauernjunge sieht viele Dinge im Leben von der Kehrseite und lernt früh, daß auch sie notwendig ist. Daß aber auch die beiden überlebensgroßen Heiligenfiguren nicht massiv, sondern von hinten ausgehöhlt waren, versetzte meiner gläubigen Seele doch einen recht argen Stoß. Denn durch die Kehrseite der Heiligen fühlte ich mich lebhaft erinnert an den heimatlichen Schweinetrog, der aus einem dicken Baumstamm auf dieselbe Weise gefertigt worden war! Daß es den Heiligen nichts von ihrer Heiligkeit nahm, wenn sie von hinten wie ein Schweinetrog aussahen – das wollte lange nicht in meinen verwirrten Kopf.

Mein Zusammentreffen mit der sakralen Welt war aber beileibe nicht auf mehr oder weniger ehrfürchtige Kirchenbesuche beschränkt. Jedes Jahr, wenn die Herbststürme das Laub von den Bäumen geschüttelt hatten und die ersten Schneeflocken auf die kahlen Äste niedertanzten, kam der Tag, an dem der Vater mit einem dicken Paket bunter Kerzchen nach Hause kam. Begann es dann dämmrig zu werden in der Stube, so legte er das lange Bügelbrett über zwei Sessellehnen, und darauf klebten wir die fingerlangen, bleistiftdünnen Kerzchen in langen Reihen geduldig auf. War es dann ganz finster geworden, so zündete der Vater die Kerzen eine nach der anderen langsam an. In der dunklen Stube wurde es heller und heller, und wenn alle Kerzchen brannten, knieten wir uns nieder, stützten die Arme auf die Bänke und beteten die Lauretanische Litanei. Zur seltsamen Stimmung in der Stube trugen die merkwürdigen Anrufungen noch das ihre bei: „Du Turm Davids!"; „Du elfenbeinerner Turm!"; „Du goldenes Haus"; „Du Arche des Bundes"; „Du Pforte des Himmels!"; „Du Morgenstern!", unterbrochen vom stets gleichbleibenden feierlich-monotonen „Bitt für uns!". Meine kindliche Phantasie mühte sich redlich um eine Vorstellung vom Aussehen der Himmelskönigin, wenngleich es mir weithin fremd und geheimnisvoll blieb.
Mittlerweile waren die Kerzchen heruntergebrannt und begannen nun, eins nach dem andern, mitunter zwei zu gleicher Zeit, zu verlöschen. Manche von ihnen wehrten sich, das flackernde Restchen zuckte noch lange und wollte nicht vergehen. Manche sanken vorzeitig um, wieder andere brannten noch ganz allein, wenn rings um sie schon alles leer geworden und ins Dunkel gesunken war.

„Das sind die Seelen der Menschen", sagte mein Vater, und lange saßen wir und beobachteten jedes einzelne Kerzchen. Wie es zuvor immer heller geworden war in der Stube, so wurde es nun dunkler und dunkler, die Schatten rückten aus allen Ecken gegen das Lichterbrett vor, und zuletzt kämpften nur noch einige zuckende Flämmchen gegen die übermächtig werdende Finsternis. Ganz dunkel war es geworden, und so beteten wir in der von feinem Rauch erfüllten und nach Wachs duftenden finsteren Stube noch einmal die Anrufungen an die Madonna.

Der Besitzvorgänger in meinem Vaterhaus, der alte Kaiserbauer, war ein lebensfroher, argloser Mann gewesen, der herrlich singen und erzählen konnte, der aber dabei langsam ins Wirtshaussitzen geraten war, was keinem Bauern guttut. Der wachsenden Not gehorchend, tauschte er wie „Hans im Glück" sein Gut so lange, bis ihm nichts mehr geblieben war als seine Kinder. Auch die mußten nun in die Fremde, und nur seine kleine und schwächliche Jüngste blieb in ihrem Vaterhaus, wo sie von da an als Magd den neuen Besitzern – meinen Eltern – diente.
Wenig hatte sie geerbt vom Frohsinn ihres Vaters und gar nichts von seiner Gutmütigkeit: Kam der alte Mann hie und da an den Hof, so schämte sie sich seiner und hieß ihn im Heu schlafen; aber auch mit den Tieren ging sie nicht besser um und prügelte sogar die Kühe im Stall.
Als meine sanfte und stille Mutter plötzlich starb, machte die Magd sich zur Herrin im Haus. Mein Vater war gegen sie ein Riese von Gestalt, er fürchtete sich vor nichts und niemandem. Die wildesten Pferde vermochte er binnen Kürze zu zähmen – aber gegen die Magd war der Riese hilflos wie ein Kind. Wurde ihm ihre herzlose Art denn doch einmal zuviel und er jagte sie aus dem Haus, so weinte und schluchzte sie so jammervoll, daß er sich ihrer immer wieder erbarmte –

und alles begann so lang immer wieder von vorn, bis er matt und müde wurde und sie schließlich als sein Schicksal hinnahm. Zehn Jahre blieb er Witwer, dann brachte sie es sogar dahin, daß er sie heiratete. Und so wurde die herzensrohe kleine Magd meine Stiefmutter, zu einer Zeit, als ich schon Jahre von der Heimat fortgegangen war – sonst wäre sie es wohl auch nicht geworden.

Die kleine Magd überlebte den Riesen um viele Jahre. Aber als sie alt wurde, ging eine seltsame Veränderung mit ihr vor. Sie wurde weich und freundlich und teilnahmsvoll und hatte offenkundig völlig vergessen, daß sie jemals ganz anders gewesen war – so daß ich mir oft wünschte, mein Vater hätte sie als altes Mütterchen geheiratet und nicht als junge Magd.

Den meisten Wünschen bleibt jedoch die Erfüllung versagt – wenn auch nicht allen: Drei meiner sehnlichsten Wünsche hat mir das Leben erfüllt, und jeder von ihnen hat seine eigene Entstehungsgeschichte.

Mein Vaterhaus stand am Hang eines flachgewellten Hügels, von wo aus der Blick ungehindert in ein weites, fruchtbares Land mit Wiesen und Äckern, Wäldern und Hügeln schweifen konnte. Am freisten war es gegen Süden hin, und dort sah man zuweilen etwas mir sehr Fremdes: Dort, wo die Hügelwellen im Dunst der Ferne immer blasser wurden, ragten an manchen Tagen zartgraue spitzige und kantige Erhöhungen gegen den Himmel. „Das ist das Gebirg", sagte mein Vater, und darunter konnte ich mir nun wirklich gar nichts vorstellen. Oft aber fiel dabei auch ein Name, der scheints zum Gebirge gehörte: „Da drin ist Salzburg", erklärte der Vater, und er sagte es so, wie man von etwas halb Unwirklichem, Fremdem, ein wenig Märchenhaftem spricht. Oft saß ich in der bequemen Astgabel eines Kirschbaums und sah über die Wiesen und Wälder der Heimat nach dem fernen Gebirge. Und heiß wünschte ich mir, ich könnte es einmal ganz aus der Nähe sehen und mit ihm die große Stadt Salzburg. Der erste meiner drei großen Wünsche.

Ein gebundener Jahrgang der Zeitschrift „Alte und Neue Welt" war lange Jahre mein größter Schatz im Kleinbauernhaus, denn nur wenig hörte man in dem aus drei Häusern bestehenden Dörfchen von der Welt, und nur ganz große Ereignisse drangen in diese abgeschiedene Bauerngegend. Manchmal erzählte der Vater vom Kaiser Max von Mexiko, vor allem aber von dessen wunderbarem Schloß am Meer. In jenem dicken Buch fand sich ein ganzseitiges Bild von diesem Schloß, und oft und oft verschlangen wir es mit den Augen, der Vater und ich. Ein Schloß am Meer! Und wie wunderbar war sein Name: Miramare. Wir sprachen ihn beide mit großer Ehrfurcht aus. Wie herrlich müßte es sein, das Märchenschloß Miramare mit eigenen Augen zu sehen – mein zweiter großer Wunsch.

Im Salzburger Kurgarten stand durch etliche Jahre hindurch ein niedriger Rundbau, eine Art Guckkasten; man saß im Dunkel und betrachtete durch Vergrößerungsgläser die beleuchteten Bilder fremder Erdteile. Eines davon faszinierte mich ganz entsetzlich und immer wieder neu: Vier riesenhafte Gestalten, aus einem Berg herausgemeißelt, sitzen im Mondlicht vor einem Höhlentempel in der Wüste. Den Felsentempel von Abu Simbel irgendwann sehen zu dürfen, war mein dritter sehnlichster Wunsch an das Leben.

Das Schicksal hat mir in einem langen Leben nicht wenig vorenthalten. Die drei Wünsche des armen Kleinbauernbuben aber hat es großmütig erfüllt. Zunächst mit einem Paar Wechselschuhen.

Der Leser weiß nicht, was das ist? Nun, eines schönen Herbsttages nach der Erntearbeit kramte mein Vater den dreibeinigen Schusterschemel hervor, stellte in der Stube ein Wasserschaff unter die Bank und legte daneben einen großen runden Klopfstein. Am nächsten Morgen kam der Schuster – ein wahrhaft aufregendes Ereignis: Ein mir fremder Mann in unserer kleinen Stube, die Bank vollgeräumt mit allerlei unvertrautem Werkzeug, fremde Laute, fremde Gerüche. Alle reparaturbedürftigen Schuhe im Haus wurden zusammengesucht, und der Meister begann seine Arbeit.

Schließlich aber ging es mich persönlich an. Schuhe wurden mir angemessen mit einer Sorgfalt und Genauigkeit, als sollte ein großes Kunstwerk entstehen. Nach und nach sickerte das Geheimnis durch: Ich durfte mit dem Vater nach Salzburg fahren! Deshalb die neuen Schuhe. Diese hatten mit meinen Füßen äußerlich nur sehr geringe Ähnlichkeit. Mit einem mir ganz unbekannten Instrument, einem Schuhlöffel, half man mir hinein, und prompt fühlten sich meine ans Barfußgehen gewöhnten Füße in dem bretterdicken und brettersteifen Gehäuse von allen Seiten höchlich bedrängt. Doch neue Schuhe *müssen* drücken, wurde ich belehrt, und um nach Salzburg reisen zu dürfen, hätte ich noch ganz andere Torturen auf mich genommen.

Schuhe, die man lange tragen soll, wird man unweigerlich schief treten. Bei *diesen* aber mache das gar nichts, verkündete der Meister mit Stolz, dies seien Wechselschuhe: seien die Absätze schief getreten, so vertausche man einfach die Schuhe an den Füßen und trete sie so lange nach der anderen Seite, bis man wieder ganz gerade auf ihnen steht.

Als nun der große Morgen kam, machten wir uns auf den halbstündigen Weg zum Bahnhof. Ich rumpelte mit meinen neuen Schuhen über Schotterstraßen und Pflasterwege, und meine Zehen jammerten um Erbarmen. Aber fünf Stunden im Bummelzug zum Fenster hinausschauen auf lauter Unbekanntes in der Welt – das wog alle drängenden Schmerzen auf.

„Salzburg, alles aussteigen!" Leicht gesagt, schwer getan! Ich wollte es mit tausend Freuden. Aber meine Füße wollten nicht. Auf dem Wege vom Bahnhof in die Stadt galten meine Gedanken all dem Neuen, das es da zu sehen gab. Aber alle meine Gefühle galten den Wechselschuhen.

Zuletzt standen wir auf einem weiten Platz mit einem sehr großen Brunnen, dessen ungeheuren steinernen Rössern Wasser aus Mäulern und Nasenlöchern spritzte. Als ich zu ihnen aufschaute, bemerkte mein Vater, daß mir die Schuhe Tränen in die Augen gepreßt hatten. Er war ein sehr ordentlicher Mann, der darauf hielt, daß man sich überall geziemend kleide und benehme. Ein Weilchen schwankte er, dann sagte er nur: ,,Zieh sie aus!"

Mit wankenden Knien setzte ich mich auf die feuchtgesprühten Stufen des Residenzbrunnens. Nach langem Zerren bekam ich die geschwollenen Füße samt allen Zehen aus den beiden Schraubstöcken heraus. Es war wundervoll, barfuß auf dem kühlen, nassen Steinpflaster zu stehen und tief durchzuatmen. Jetzt konnte ich meine Ankunft in Salzburg erst richtig genießen. Und noch als weißhaariger alter Mann gehe ich selten an dem Brunnen vorbei, ohne mich zu erinnern, wie ich als barfüßiges Büblein, die Wechselschuhe in der Hand, das erstemal zu ihm aufblickte.

AUF DEM WEG ZUM LEHRBERUF

Was sollte werden aus einem Siebenmonatskind, das beinahe seinen Tauftag nicht überlebt hätte und das in seiner ganzen Kindheit und Jugend körperlich zu schwächlich blieb, um für die harte und schwere Bauernarbeit zu taugen?

Ein ganzes Jahr hatte ich es dennoch probiert, hatte gemäht und gedroschen und alle Bauernarbeit im Hof und am Felde gelernt. Doch gerade am Pflug war es mir am schlechtesten ergangen. Das Pferd war zu stark, der Pflug zu groß und ich all dem gegenüber zu schwach und zu klein.

Und auch, daß man Tiere über lange Zeit liebevoll aufzieht, ja fast wie Geschwister hegt und pflegt, um sie dann, wenn sie groß oder nutzlos geworden sind, zum Metzger zu führen oder gar selbst abzustechen, das wollte dem körperlich wie seelisch empfindsamen Bauernbuben niemals gefallen. Es war nicht schön, das Blut rühren zu müssen, das in heißem Strahl aus der Stichwunde des schreienden und röchelnden Schweines schoß, und es machte traurig, die Kuh, deren Kälbchen verkauft worden war, tagelang im Stall nach ihm brüllen zu hören.

Der Bauernhof, das Bauernland, das war zwar meine Welt – aber der Bauernstand nicht mein Beruf. Lehrer hatte ich immer schon werden wollen, und da es an Mitteln für das ganze Gymnasium nicht mehr reichte, kam der Tag, an dem ich neuerlich nach Salzburg fahren sollte – doch diesmal war es der Abschied von der Heimat.

Immerhin, in vier Jahren würde ich schon jemand sein, der ein eigenes Gehalt bezog, wenn auch kein großes. Doch bis dahin würde ich mit dem Allernötigsten das Auslangen finden müssen, waren doch die sieben sorgenvoll zusammengekratzten Gulden, die der Vater mir jeden Monat in die Stadt schickte, für ihn zwar eine Menge Geld, für mich aber leider gar nicht, wenn meine Ansprüche ans städtische Studentenleben auch ohnehin denkbar gering waren. So hieß es also erst einmal die Unterkunft zu finden, die gerade noch zumutbar einerseits und grad noch finanzierbar andrerseits erschien. Ich fand sie in der Blauen Gans, einem alten Gasthaus in einer engen Gasse der Altstadt; es hatte wohl schon sehr viel bessere Zeiten gesehen und war in jenen Tagen so arg vom Gästeschwund bedroht, daß die obersten Stockwerke des Hauses und sogar die Dachzimmer als Privatwohnungen vermietet wurden. Im dritten Stock wohnte ein altes Ehepaar, das sich durch die Vermietung einer einfenstrigen schmalen Kammer, in der ein Tisch, ein Waschkasten und zwei Betten gerade noch Platz fanden, ein paar Gulden zum schmalen Einkommen des Mannes dazuverdiente.

Über enge und finstere Stiegen tappte ich mich hinauf in einen schmalen, steingepflasterten Vorraum, gelangte durch das vom Geruch der Petroleumlampe geschwängerte Halbdunkel der Küche in das Wohn- und Schlafzimmer des Ehepaares und von dort schließlich in die besagte Kammer. Eins von den beiden Betten war noch frei, im anderen schlief ein Glasergeselle. Aus einem Bauernjungen, dem ein großes weitläufiges Haus, ein mächtiger Heustadel, ein riesiger Obstgarten, Bach, Wiese und Wald gehörten, wurde ich nun für vier Jahre zum ,,Bettgeher" in der Kammer, deren einziges Fenster nach Norden zu auf eine enge mittelalterliche Gassenschlucht ging, und auf deren Fensterbrett sich nur an ein paar Tagen im Juni jeweils am Vormittag ein kleiner, dünner Sonnenstrahl verirrte. Der Vater hatte wohl erwartet, Hunger und Heimweh würden mich aus dem sonnenlosen, engen Loch in der fremden Stadt früher oder später wieder nach Hause treiben. Aber ich blieb.

Ich blieb trotz aller Einschränkungen, die ich in meiner neuen Umgebung zu bewältigen hatte. Denn die väterlichen sieben Gulden waren ein sehr schmaler Grat fürs materielle Überleben; drei Gulden zahlte ich für meine Schlafstelle und eine Schale dünnen Kaffee mit einer Semmel jeden Morgen. Es blieben also für alles, was ich sonst noch brauchte oder mir gar wünschte, vier Gulden im Monat. Das gab, auf dreißig Tage aufgeteilt, für jeden dieser Tage dreizehn Kreuzer. Rund dreißig Kreuzer kostete ein Mittag- oder Abendessen in einem Gasthaus – gut doppelt so viel, als ich täglich zur Verfügung hatte.

So blieben auch die allerkleinsten Speisehäuser unerreichbare Luxusstätten für mein Dreizehnkreuzerkapital, und ich fand mich zurückverwiesen auf das Urelement aller Ernährung: das Brot. Ich machte mich also an gründliche Brotstudien: Das weiße Luxusbrot der Bäcker war teuer und wenig ergiebig. Als besser erwiesen sich da schon die derben langen Wecken. Am ausgiebigsten und billigsten aber war „der Bims" – ein passender Spitzname für das Brot, das die Militärbäckereien den Soldaten in die Kasernen lieferten. Es waren etwa ziegelgroße schwere Laibe, mehr derb als liebevoll geformt, aber durchaus nahrhaft und vor allem billig.

Wer sich vom Bims allein allzulang nährt, bekommt bald das Gefühl, allmählich zu vertrocknen, weshalb ich mir am Grünmarkt beschädigtes Obst zu billigen Preisen und manches Mal sogar eine dickschalige Orange besorgte, die ich – mitsamt ihrer dicken Schale – mit großem Genuß zum Bimsbrot aß.

Ein langgestreckter Felsrücken mit steilen Wänden durchzieht Salzburg mächtig und ehrfurchtgebietend wie damals der Bahndamm die flachen Senken meiner Heimat. Es ist der Mönchsberg, der seit Jahrhunderten von einem großen Tunnel durchbrochen ist, dem sogenannten Neutor. An seinem inneren Ende stand dazumals eine Kaserne, an seinem äußeren stand und steht noch heute ein kleiner Kiosk, in dem Tabakwaren und allerlei Artikel für den täglichen Bedarf zum Verkauf gelangen. Viele Soldaten aus der reichen Bauerngegend mochten in jenen Friedenszeiten ihren Bims nicht essen und verkauften ihn an diesen Kiosk. Dort lag er, aufgeschlichtet wie gebrannte

Ziegel, in einem Fache nahe am Boden. Und dort kaufte ich ihn.

Es war eine kräftige, ältere Frau, die mir mein Hauptnahrungsmittel täglich aus dem Fensterchen reichte; an manchen Tagen aber wurde sie vertreten von ihrer überaus hübschen jungen Tochter – was schon von weitem zu erkennen war an der Vielzahl gutgekleideter junger Männer, die plaudernd und rauchend das Ladenfenster belagerten. In deren Gegenwart hätte ich blasses, hungriges Bauernstudentlein mit den nie gebügelten Hosen es nicht gewagt, auch nur meinen Blick zu der umworbenen Ladenschönheit zu erheben. Bis zu jenem Tag, als sie, gerade allein an ihrem Fensterchen, mich freundlich fragte, ob ich wohl einen sehr großen Hund hätte, da ich offenbar ungewöhnliche Mengen von Bims bei ihr bezog. Glühendrot vor Verlegenheit stotterte ich an einer halbwegs würdigen Antwort herum, was wiederum sie erschreckte und ihrerseits in Verlegenheitsnöte stürzte. Jedenfalls genoß ich von nun an eine Vorzugsbehandlung, indem sie mir stets den schönsten Bims heraussuchte und an ihrer Schürze abwischte.

Die beglückende Erregung, die mir der tägliche Bimskauf bei ihr bescherte, steigerte sich eines Tages in einen geradezu orkanartigen Glücksrausch, als nämlich meine angebetete Schöne mir mit dem Brot auch eine Rose aus dem Fenster reichte; und während es mir in Kopf und Herzen zum Zerspringen tobte, konnte ich ihre Frage, ob ich denn nicht einmal mit ihr spazierengehen wollte, nur mit einem stummen, aber heftigen Nicken beantworten. Morgen um fünf Uhr nachmittag, am Fuß der Stiege oberhalb des Neutors!

Die Stunden bis dorthin lebte ich wie im Traum und aß mein Brot, aß *ihr* Brot mit bis dahin ungekannten Freuden. Um vier Uhr schon eile ich durchs Neutor hinaus zu jener Stiege, die auf den Mönchsberg führt, und setze mich, das Herz voll ungeduldigster Erwartung, auf die vereinbarte Bank. Schlag fünf ist meine freudige Erregung an ihrem Höhepunkt: jetzt muß sie kommen, jede Minute wird sie vor mir stehn, gelobt der Augenblick, der sie mir bringen wird! Es verrinnen die Minuten, eine erste Viertelstunde, dann eine zweite; es wird sechs, dann wird es dunkel. Meine Rose aber kommt nicht.

Das Leben ging weiter. Aus dem hungrigen Bauernstudentlein wurde ein Lehrer und wurde noch allerhand Unvorhergesehenes. Aber nie vergaß ich die Rose vom Neutor – den ersten Menschen in der fremden Stadt, der tief in das Herz des ärmlichen Bims-Essers geblickt hatte.

In der engen Gasse, in der ich Unterschlupf gefunden hatte, stand noch ein weiteres altes Gasthaus mit einem großen Saal im ersten Stock. Dort gab es einmal wöchentlich ein für mich aufregendes Schauspiel: unterschiedlichstes Strandgut gescheiterter Existenzen wurde dort versteigert.

Jede Woche waren es andere Güter, die zur Feilbietung aufgestapelt wurden; nur die Lizitationshyänen waren immer dieselben, und stets waren sie es, die alles als erste vor Augen und als erste prüfend in den Fingern hatten.

Mir war dies aufregend und völlig neu. Bauernbesitz ist fester Besitz, es wird alles nach und nach erworben, und alles hält sich lange Jahre an derselben Stelle und in derselben Hand. Hier aber konnte eine Sache in zehn Minuten fünfmal den Besitzer wechseln!

„Ein Nudelbrett zehn Kreuzer!" ruft der Auktionator, „Wer gibt mehr?" – „Verkauft!" ruft eine Stimme. „Zehn Kreuzer, wer gibt mehr?" – „Elf Kreuzer", hört man eine knickerige Seele. „Um an Kreuzer tu i net!" wird sie belehrt. „Zwölf Kreuzer!" läßt sich ein anderer vernehmen. „Zwölf Kreuzer zum ersten – gibt niemand mehr?" Und da sich niemand meldet: „Zwölf Kreuzer zum ersten, zum zweiten – und – zum *dritten*!" Das Nudelbrett wird seinem neuen Besitzer über die Köpfe der vorderen Reihen herübergereicht, die zwölf Kreuzer gehen den umgekehrten Weg, der Kauf ist perfekt, der nächste Gegenstand wird aufgezeigt. Bei all den spannenden Geschäften war ich stets interessierter, aber ganz unbeteiligter Zuschauer, hatte ich doch meist kaum die zehn Kreuzer Mindestausrufungspreis, geschweige denn darüber hinausgehendes Lizitationsvermögen in der Tasche. Dennoch mußte ich aufpassen. Denn es kam auch vor, daß der Auktionator plötzlich rief: „Eine Partie Bücher zehn Kreuzer!" Dann meldete ich mich auf alle Fälle: „Verkauft!" Nicht selten wurde mir die „Partie Bücher" von kapitalstärkeren Konkurrenten wieder abgejagt, öfter aber blieb sie mir zum Ausrufungspreis.

Unbeschreiblichster Kram gelangte so in meine Hände und meinen Besitz. Manches war elender Schund, manches preiswert, manches aber auch wertvoll für Kenner. Und obwohl ich sicherlich einer der allerärmsten Studenten war, hatte ich mir dennoch durch Kauf oder Tausch schließlich eine reichhaltige und durchaus nicht ganz wertlose kleine Bibliothek erworben. Schöne Fachliteratur bekam ich im Tausch gegen einen Band der „Gartenlaube" oder gar der „Fliegenden Blätter". Und hie und da holte man den jungen Studenten, um einen bücherreichen Nachlaß zu begutachten.

Über meinen stetig, aber langsam wachsenden eigenen Bücherschatz hinaus hatte ich aber auch eine andere Art von „Bücherschrank" zur unbegrenzten Verfügung, ja ein ganzes Bücher*haus*. Und der mir den unbeschränkten Zugang ermöglichte, war diesmal nicht eine Milchkundschaft, sondern der Direktor meiner Lehrerbildungsanstalt. Dem nämlich waren Qualität und vor allem Quantität meiner Bücherentleihungen aufgefallen; und eines Tages überreichte er mir zu meinem größten Stolz eine Bescheinigung, die mich ermächtigte, aus den 140.000 Bänden auszuborgen, was immer ich wollte. Ich habe diese Bibliothek nicht ausgelesen. Aber viele Liter Petroleum hat meine Lampe in den Wintermonaten ausgetrunken, während der nach Kitt riechende Glasergeselle – es war oft ein anderer, aber es war immer ein Glasergeselle – schon längst im andern Bette friedlich schnarchte.

Die Wintermonate. Das waren harte und vor allem kalte Zeiten in meiner unbeheizten Kammer, und ich verbrachte sie daher so viel wie möglich anderswo.

Der Sitzungssaal des Salzburger Gemeinderates war etwa so ein Ort, fast immer überheizt und besonders auf der Galerie so recht als Wärmestube zu gebrauchen. Und in der saß ich denn an jedem Montagnachmittag kurz nach vier, wenn mein Unterricht zu Ende war, schaute hinunter auf die erhitzten Köpfe der Gemeinderäte und lauschte aufmerksam, worüber sie da stritten. Und in der Bank vor mir saßen die Zeitungsberichterstatter und schrieben eifrig mit.

Es geschah an einem Montag in der Faschingszeit. Einer der Zeitungsleute, ein augenscheinlich schwer verkaterter älterer Herr, greift sich unruhig und scheints schmerzerfüllt an seinen Kopf und wendet sich dann schließlich nach mir um: Er müsse einen Augenblick hinaus, ich solle ihm doch aufschreiben, wenn unterdessen etwas Wichtiges zur Sprache käme. Hoch geehrt und tief beglückt zugleich nehme ich seinen Platz ein, und wohl nie hatte der Bäckermeister, der gerade in Sachen Straßenbeleuchtung das Wort ergreift, einen so aufmerksamen Zuhörer und einen so gewissenhaften Berichterstatter.

Dieses kleine Ereignis sollte große Folgen für mich haben. Am folgenden Montag durfte ich zur Probe die ganze Sitzung mitschreiben, und am übernächsten blieb der alte Herr ganz weg und überließ alles dem jungen Studenten. Voll Stolz und Aufregung saß ich auf meinem neuen Platz – wobei ein nicht geringer Teil meiner Angst den zwei Gulden galt, die für jeden Sitzungsbericht als Redaktionshonorar winkten: ein Vermögen für mich, und das erste selbstverdiente Geld meines Lebens.

Es war nicht leicht verdient, und manchen Tropfen Angstschweiß habe ich da droben vergossen. Niemand legte mir etwas in den Weg; aber niemand half mir. Und ich frisches Studentlein, dem der Bauernbub noch aus allen Nähten schaute, hatte nur meine als Wärmestubengast aufgelesenen Kenntnisse und mußte nun nicht nur jeden Gemeinderat und jeden Beamten, sondern auch die ganze Verwaltungstechnik und schließlich die „große Politik" kennenlernen, die sich da unter mir auslebte. Und je länger eine Sitzung dauerte, umso länger erhellte meine Petroleumlampe die winzige Kammer in der Nacht von Montag auf Dienstag – denn am frühen Morgen mußte ich die Arbeit abliefern.

Meine ersten Berichte prüfte der Chefredakteur sehr aufmerksam, zuletzt aber wanderten sie ungelesen gleich in die Setzerei. Jetzt erst verschwand die Angst und machte einem bescheidenen Selbstbewußtsein Platz, das es mir schließlich sogar ermöglichte, für *zwei* in ihrer Ausrichtung deutlich unterschiedene Blätter zu schreiben. Das gab zwar allerhand neue Ängste und wöchentlich eine Nacht ohne Schlaf, aber vier Gulden am Dienstagmorgen.

Die hatte ich bald auch bitter nötig. Denn gegen Ende meiner Studien war manches, was ich für die Zeitungen schrieb – und es waren nicht nur die neutralen Sitzungsberichte –, „oben" unliebsam bekannt geworden; es kam die Abschlußprüfung, es kam ein Wink von oben – und ich fiel durch.

Mit der Situation konfrontiert, die erwartete Anstellung nicht zu bekommen und also irgendwie Geld verdienen zu müssen, schrieb ich nun auch die Gerichtssaalberichte, gab Lektionen, die ich selber erst eine Stunde zuvor gelernt hatte, war Tagschreiber in einer Anwaltskanzlei, zeichnete Monogramme für Stickereien und Juxtafeln für Stammtische und verdiente mir gelegentlich ein paar Gulden mit Gedichten für verschiedenste Anlässe. Ich hungerte und fror und quälte mich elend durch diesen härtesten Sorgenwinter meines Lebens.

Es kam der Mai und mit ihm Neuwahlen, die mir wohlgesinnte Menschen wieder nach oben brachten. Zwei Monate später bestand ich die Reifeprüfung ebenso glänzend wie ich ein Jahr zuvor glänzend durchgefallen war, und der Schulinspektor in Person überbrachte mir mein Anstellungsdekret in meine Hungerzelle in der Blauen Gans. Doch dieses Jahr war eine Reifeprüfung härtester Art gewesen, deren Erfahrungen in mir noch lange nachwirkten, als ich meine Studien längst hinter mir und auf meiner „Karriereleiter" eine weit höhere Sprosse erklommen hatte als die eines „provisorischen Aushilfs-Unterlehrers".

Das nämlich sollte nun für zwei Jahre mein Amtstitel sein. Er schützte dreifach vor der Einbildung, man sei am Ende gar schon so etwas wie ein richtiger Lehrer. Aber es war doch herrlich, den Titel in Verbindung mit dem eigenen Namen auf einem amtlichen Dekret zu lesen, und dazu die Bemerkung, daß mit dieser Stellung ein Monatsgehalt von 33 Gulden 33 Kreuzer verbunden sei. Einen Gulden am Tag bekam zwar damals schon ein Taglöhner, aber mir schien mein erstes Lehrergehalt doch schrecklich viel Geld zu sein.

Nun winkte mir ein neues Leben mit einem sicheren Verdienst und vor allem einem heißgeliebten Beruf – und das auch noch draußen auf dem Lande! Meine Schlafstelle war schnell und gern gekündigt, ein letztes Mal schlürfte ich den durchschimmernden Kaffee-Ersatz, schulterte meinen Rucksack und fuhr mit einem herrlichen Gefühl der Befreiung tief hinein ins Gebirge, meinem ersten Einsatzort als Lehrer entgegen.

Von der Bahnstation, die ohnehin nur aus einem Bretterhäuschen bestand, hatte ich noch drei Stunden zu marschieren, denn Großarl, mein künftiger Wirkungsort, liegt weit hinten in einem damals so gut wie unerschlossenen Gebirgstal. Nach der Überwindung der Liechtensteinklamm, hinter deren waldiger Felsenwildnis niemand so leicht noch eine Schule vermutet hätte, weitete sich das Tal zuletzt ein wenig, ein paar Bauernhöfe grüßten von den steilen Berglehnen – und dann war ich am Ziel. Ein kleiner Ort, oberhalb die Kirche und einige Häuser; in einem davon war es sehr still, das mußte der Pfarrhof sein. Aus dem zweiten aber drang durch die offenen Fenster wildester Lärm: Die Schuljugend im ersten Stock war mit großem Eifer bemüht, sich gegenseitig die Mützen beim Fenster hinunterzuwerfen. Es war meine Klasse. Eine dicke Frau hatte augenscheinlich schon sehnlich auf den neuen Lehrer gewartet, denn in der Haustür stehend rief sie mir schon von weitem entgegen: ,,Sind Sie der neue Lehrer? Mein Mann ist krank, und die Lausbuben machen so einen Krawall. Gehen Sie nur gleich hinauf und machen Sie, daß sie Ruhe geben!'' – Das war meine Amtseinführung.

Recht geheuer war es mir nicht, als ich nun langsam die Treppe hinaufstieg und ein wenig beklommen vor der Tür meiner ersten Schulklasse stand. Da drinnen waren – hörbar – etliche Dutzend vierzehnjähriger Bergbauernkinder, und ich, der neue ,,Herr Lehrer'', war gerade sechs Jahre älter als sie!

Der eine Tierbändiger wird von den Raubkatzen gefressen, trotz Peitsche und Pistole; einem anderen, der mit leeren Händen hineingeht, gehorchen sie wie die Lämmer – warum, das bleibt ein Geheimnis, und auch die Liebe kann hier nicht alles erklären: Ich habe viele liebevolle und grundgütige Kollegen kennengelernt, die von den Kindern aufs elendste gepeinigt wurden.

So weiß ich es nicht zu erklären, warum die tobende Lausbubenmeute bei meinem Eintritt schlagartig sittsam und still wurde und es erstaunlicherweise auch blieb. Und wie in dieser meiner ersten Klasse, so war es in jeder der vielen, vielen anderen, in denen ich in den folgenden zwanzig Jahren noch unterrichten sollte, ja die Kinder schienen es fast zu genießen, bei mir brave Schüler zu sein; vielleicht wußte ich nur besser als viele andere Lehrer, was ein Kind ist. Denn viele wissen es leider nicht.

Nun war ich also Lehrer geworden. Unterlehrer, genaugenommen, und dazu noch Aushilfslehrer: War irgendwo im Bezirk eine Lehrperson erkrankt oder beurlaubt, so hatte ich dort einzuspringen, was nicht selten sehr plötzlich geschehen mußte. Ich suchte mir dann den Ort auf der Landkarte, schulterte meinen Rucksack und fuhr oder wanderte, meist neugierig und vergnügt, meinem neuen Dienstort entgegen.

So kam ich an einem Karfreitag, dem 13., an meine dreizehnte Schule als Aushilfslehrer. All diesen unglücklichen Vorzeichen zum Trotz aber zählen die drei Sommermonate, die ich dort Dienst tat, zu den schönsten und friedlichsten meines Lebens.

Von heimeligen Waldbergen umrahmt, die das dahinter aufragende Hochgebirge verdecken, liegt der kleine Ort Oberzeiring im Seitental eines Seitentales der Mur, und ich traf dort auf freundliche Leute und eine neugebaute, gut geleitete Schule. An Sehenswürdigkeiten drängte sich außer der schönen Landschaft rundherum lediglich die barocke Kirche des Ortes mit ihrem schindelgedeckten Zwiebelturm auf; aber auch sie enthielt an Bemerkenswertem bloß ein paar alte Grabsteine, Spuren alter Fresken und eine neue Orgel, so daß ich eines Nachmittags wenigstens hinauf zum Glockenturm steigen wollte, war doch ein wenig waghalsige Kletterei seit Kindestagen fester Bestandteil meines Lebenselixiers gewesen. Ein sanftes, metallisches Summen entlockte ich den eisernen Rufern mit dem Fingerknöchel – und dann steht die Versuchung vor mir in Form eines Steigbaums, der sich hoch oben ins Dunkel verliert. Mit jeder Sprosse, die ich erklettere, wird es enger und düsterer, bis sich der Durchstieg endlich weitet zu einem sonderbar kugelig geformten, dämmrigen Stübchen: der Turmzwiebel. Ein paar im Balkenwerk hängend dahindösende Fledermäuse schrecken aus ihrer Beschaulichkeit,

Spinnweben glitzern in dem durch manche Ritzen spärlich einfallenden Licht. Es ist still und warm in der hölzernen Höhle hoch über der Erde, der Geruch des Holzes mischt sich mit dem des Staubs, und in diese unwirkliche Stille tickt unten im Turm gespenstisch laut das Gangwerk der riesigen Uhr.

Bald gewöhnen sich die Augen an die Dunkelheit; noch ein Steigbaum ist da, der weiter hinauf in den oberen, sich wieder verjüngenden Teil der Zwiebel führt. Sein Zweck wird mir erst klar, als ich ihn langsam erklimme und an seinem oberen Ende in der Zwiebelinnenwand rechtwinkelige Fugen, einen Griff sowie eine Eisenstange erspähe; auf mein forschendes Rütteln und Drücken hin tut sich langsam eine Dachluke auf – ein solider, festgefügter Ausstieg für den Dachdecker. Erst einmal so weit oben angelangt, läßt mich mein Forscherdrang nicht los. Ich stecke Kopf und Hals hinaus ins Freie – und habe unter mir den weit ausladenden, unbehaglich ins Leere mündenden Bauch der Turmzwiebel, dicht über mir aber deren spitzes Ende, auf dem eine große metallene Kugel sitzt und darüber schließlich das überraschend, ja fast erschreckend hohe Turmkreuz.

Die Dachschindeln sind fest aufgenagelt, die Kugel zum Greifen nahe – die Verlockung ist zu groß! Langsam und vorsichtig schiebe ich mich aus der Luke, finde überall bequeme und verläßliche Griffe an den Schindeln und mit meinen bloßen Füßen guten Halt, so daß ich schon bald das nach oben spitz zulaufende Zwiebelende umfassen und mich, nach einem kurzen Aufschwung, auf die sonnenwarme Metallkugel setzen kann. Das daraus aufragende Turmkreuz aber, an dem ich mich anklammern muß, ist recht unbequem; so schiebe und turne ich mich auch noch auf diese letzte Aufstiegsmöglichkeit und sitze nun rittlings und sehr bequem auf dem breiten Querbalken des Kreuzes.

Es war ein schöner, windstiller Sommerabend. Ringsherum die bewaldeten Bergrücken, ein großer wolkenloser Abendhimmel, ein Vogelschwarm streicht an mir vorbei. Ungehindert geht der Blick in eine uferlose Weite, ich schwebe wie kaum mehr mit der Erde verbunden zwischen ihr und dem Himmel. Unter mir breitet sich behäbig das mächtige Kirchendach, und ich spähe in enge Höfe und Gassen tief drunten, die merkwürdig voll sind von Menschen.

Und plötzlich durchfährt es mich: Das sind ja alles Leute, die zu mir heraufschauen! Der ganze Ort ist auf den Beinen, vor jeder Haustür stehen sie und starren angestrengt herauf! Und nur am Ende des Ortes, beim Zeughaus der Feuerwehr, rührt es sich: die holen das Sprungtuch!

Vorher und nachher, auf Bergen und in Höhlen hätte ich zuweilen durchaus gegen ein Sprungtuch nichts einzuwenden gehabt. Hier aber war mein einziges Bestreben, dem Tuch, seinen Trägern und deren Zuschauern raschest zu entkommen. Das Wissen, daß jede meiner Bewegungen von Hunderten aufs genaueste beobachtet wurde, machte meiner Sorglosigkeit ein deutliches Ende. Ganz langsam und behutsam trat ich den Abstieg an, verschwand in der Turmluke und schloß sie betont langsam und sorgfältig. Dann stieg ich hinunter in die Glockenstube und spähte verstohlen durchs Turmfenster, bis sich die Leute bis auf den letzten Lausebengel allmählich zerstreut hatten. Und erst, als es zu dunkeln begann, schlüpfte ich schleunig durch die Kirchentür. Am nächsten Tag, es war ein Sonntag, ging ich schon sehr früh morgens in die Berge und kam erst nach Einbruch der Nacht wieder und hielt mich die folgenden Tage viel in meiner Dunkelkammer auf. Doch meine Behauptung, ich hätte da oben in luftiger Höh' photographieren wollen, fand nur wenig Glauben, und erst nach Wochen legte sich langsam der Verdacht, beim neuen Lehrer könne es im Kopf nicht ganz stimmen.

Und doch war die Photographie in der Tat ein echtes und mit Begeisterung geübtes Hobby des Oberzeiringer Aushilfslehrers, wenn es auch ein Verfahren von höchst feierlicher Umständlichkeit darstellte. Ein kleiner Holzkasten mit ausziehbarem Balg, ein Objektiv vorletzter Güte und ein klappriges, zusammenschiebbares Holzstativ, das war mein erster photographischer Apparat. Die Zeit war noch nicht allzu fern, da jeder Photograph seine Platten selber in tiefer Finsternis anfertigen mußte, um dann – solange sie noch naß waren – seine Kundschaft darauf abzubilden. Demgegenüber waren meine Trockenplatten schon ein großer Fortschritt: die schob man in die Kassette wie der Jäger die Patronen in den Gewehrlauf und war nun jederzeit schußbereit. Das hieß damals: man stellte das dreibeinige Holzstativ auf, steckte den Kopf unter das schwarze Tuch und betrachtete und justierte das auf dem Kopf stehende Bild auf der Mattscheibe. Und erst nach all den umständlichen Zeremonien nahm man unter vielerlei Ermahnungen zur Freundlichkeit und Ruhe vor den erstarrenden Opfern dieser Prozeduren den Objektivdeckel ab, und in feierlichem Schweigen vollzog sich nun „die Aufnahme".

Lange also bevor das „Knipsen" eine windige Sekundenangelegenheit für jedermann geworden war, baute ich dieses solide, auf drei Beinen stehende Handwerk zu einer Art Nebenerwerb aus, gegen den auch die Schulbehörde amtlicherseits nichts einzuwenden vermochte, da einem Lehrer nur Nebenbeschäftigungen verboten waren, „die das Ansehen des Lehrerstandes schädigen".

Viel mehr hätte man einwenden können gegen die Erzeugnisse meines „Photographischen Ateliers", wie an meiner Tür zu lesen stand. Schwache Versuche, bei Porträtaufnahmen etwa durch unscharfe Einstellung künstlerische Wirkung zu erzielen, wurden von der gesamten, sonst sehr gemischten Kundschaft einmütig abgelehnt. Alles mußte gestochen scharf sein, je schärfer desto besser. Jeder Westenknopf, jedes Glied der Uhrkette, womöglich jedes Haar im Nasenloch und jeder Mitesser mußten ganz genau zu sehen sein –

dann war man ein gewissenhafter, tüchtiger und kunstfertiger Photograph.

Ich suchte mich nun zu „spezialisieren". Ich machte halsbrecherische Aufnahmen aus Baumwipfeln, Hausdächern und Kirchturmspitzen, war zu sehen bei Gamsjagden und Wallfahrten. Ich photographierte Leute und Dinge, deren Abbildung bisher niemand für nützlich oder nur für möglich gehalten hätte. Und weil ich die Nacht von Samstag auf Sonntag durcharbeitete, konnten die Kirchenbesucher am Sonntag im Schaukasten schon die Bilder sehen, die ich erst am Tage vorher gemacht hatte.

Das alles verschaffte mir großen Ruhm und einen mächtigen Zulauf. Meine Einnahmen waren bald sehr viel höher als mein Lehrergehalt. Aber einen Gesellen wollte ich nicht anstellen, und das Ganze ging immer mehr über meine Kräfte. Dazu kam noch, daß der sehr kinderreiche Photograph im Nachbarstädtchen meine Konkurrenz stark zu spüren bekam.

In dieser Notsituation entschloß ich mich zu einer radikalen Maßnahme. Ich verdoppelte meine Preise. Der Erfolg war höchst unerwartet. Zwar blieben ein paar kleine Leute aus, aber unter dem zahlungskräftigen Publikum kursierte rasch die Meldung, ich hätte mir neue, kostbare Apparate angeschafft und liefere damit nun noch viel bessere Bilder. Und bald schon stand auch neue Kundschaft aus den Nachbargemeinden vor meiner Tür. Erst die Schulferien und die Versetzung an eine andere Lehrstelle retteten mich vor der beginnenden Verzweiflung angesichts dieses glänzenden Geschäftserfolgs.

Geschäftlicher Erfolg sollte auch später noch in meinem Leben sehr bestimmend werden. Vorerst aber füllte mich mein Lehrberuf restlos aus – oder vielleicht doch nicht ganz restlos. Denn für allerhand Forschertätigkeit auf eigene Faust blieb immer noch genug Unternehmungsgeist in mir wach, der mich aber nicht nur auf Bergspitzen oder Kirchturmkreuze führte, sondern zuweilen auch in die umgekehrte Richtung trieb: unter die Erde. Jener urzeitliche Drang, der mich schon im Heustadel meines Vaterhauses Höhlensysteme graben und bewohnen ließ, muß es wohl auch gewesen sein, der mich immer wieder und nicht selten unter waghalsigster Kletterei unter das Tageslicht verschwinden ließ ins Innere so mancher Höhle, die ich zwar in meiner flachhügeligen Heimat noch nicht kennengelernt hatte, dafür aber jetzt in der gebirgigen Umgebung umso intensiver zu erforschen begann.

In Wagrain, einem meiner ersten Dienstorte, ging die Kunde, in den nahen Bergen gäbe es Knappenlöcher, verschollene und verschüttete Stollen aus der Zeit der Gegenreformation. Das war Öl ins Feuer meines Entdeckerdranges! Tagelang suchte ich ebenso angestrengt wie vergeblich, doch plötzlich, verborgen in einer höchst unwegsamen Schlucht, lag es vor mir: Halb von Geröll erfüllt und scheints schon bald in einer Wasserpfütze endend, erwies es sich bei genauer Untersuchung tatsächlich als altes Knappenloch, als Zugang zu einem ausgedehnten und seit Jahrhunderten verschollenen Bergwerk.

War die Schule nachmittags zu Ende, wanderte ich schnurstracks zu dem anderthalb Stunden bergauf gelegenen Felsspalt, verschwand darin und blieb die ganze Nacht im Berge. Elf Nächte kroch und kletterte ich da drinnen herum, und in dem Gewirr von Stollen und Höhlen, in dem häufig von einem Raum mehrere Gänge abzweigten, war die Gefahr, sich hoffnungslos zu verirren, beträchtlich. Mit äußerster Sorgfalt bezeichnete und markierte ich daher alle Abzweigungen und legte zusätzlich Steine aus, die es mir ermöglichen sollten, notfalls auch im Dunkeln meinen Weg zurück an die Sonne zu finden. Licht in der Grabesnacht unbekannter Höhlen ist Leben. In alle Taschen hatte ich Kerzen und Zündhölzer in wasserdichter Verpackung gesteckt – denn ein Ausrutscher in auch nur eine kleine Höhlenpfütze könnte einem unversehens dieses Lebenslicht für immer ausblasen.

Mein Ehrgeiz war es, einen vollständigen Plan dieses Höhlenbergwerks zu erarbeiten, und ich war in meinen Bemühungen auch schon recht weit gediehen, als die Versetzung an einen anderen Ort meinem Unternehmen ein ebenso unerwartetes wie unwillkommenes Ende machte.

Meine unterirdische Forschungsstätte sollte ich erst 35 Jahre später wiedersehen: Zusammen mit meinen drei abenteuerlustigen und klettertüchtigen Söhnen sowie ein paar neugierigen Ortsbewohnern stieg ich wie dreieinhalb Jahrzehnte zuvor wieder in den Berg, nur daß diesmal nicht Kerzenstummel, sondern starke Scheinwerferlampen die alten Stollen erleuchteten. „Da ist heute schon jemand gegangen!" rief plötzlich einer meiner Begleiter fassungslos aus. Und tatsächlich: Der Boden war mit feinem trockenem Staub fingerdick bedeckt, und in dieser Schicht sah man deutlich die Abdrücke bloßer Füße, über denen noch kein Stäubchen lag. Im grellen Scheinwerferlicht die frischen Fußspuren betrachtend, rieten und rätselten wir, wer denn da heute gerade vor uns gegangen sein konnte.

„Ich weiß es", erklärte ich nach einer Weile. „Der Gang hat weiter vorn eine Abzweigung nach links, und dort hat der Mann, dessen Fußabdrücke wir hier sehen, eine Zeitung niedergelegt!" Gleichermaßen erstaunt wie neugierig gemacht, folgten mir meine Begleiter – und da lag die Zeitung. Es war eine 35 Jahre alte Zeitung, deren Rätsel sich in dem Moment löste, als ich mit meinen bloßen Füßen vorsichtig in die vorgefundenen Spuren trat: es waren meine eigenen Abdrücke, die ich vor 35 Jahren hier hinterlassen hatte! Die Zeit steht still im Inneren der Berge. Die gänzliche Abgeschlossenheit und Trockenheit der Felsenhöhle läßt hier Jahrhunderte, Jahrtausende in Finsternis und Schweigen ohne jede Spur verrinnen. Die Finsternis kennt keinen Tag, das Schweigen keinen Laut.

Kein Lüftchen rührt den Staub; es herrschen keine Jahreszeiten; und das Gesetz von Werden und Vergehen scheint außer Kraft gesetzt.

Wundersam ist das Gefühl, in unterirdische Räume vorzudringen, die nie zuvor ein Mensch betreten hat, in denen noch das Schweigen der Jahrtausende, vielleicht der Jahrmillionen herrscht.

Einmal hatte ich durch einen Luftzug im Geröll einer Felswand einen Riß entdeckt, der sich schräg nach unten tief in den Berg hineinzog. Die Wasser hatten ihn wohl in Urzeiten ausgewaschen und in seinem Verlauf kellerartige hohe Räume ausgehöhlt, die alle in derselben Bruchspalte und deshalb in einer Linie lagen. Ich hatte in der untersten Höhle eine brennende Kerze zurückgelassen und sah nun von der obersten durch alle Höhlen bis tief hinunter ihr Licht heraufschimmern.

Ein paar guten Freunden hatte ich daraufhin eine eigenartige und schöne Überraschung versprochen. Ich kaufte mir etliche Dutzend dicke Kerzen, ließ meine Freunde oben warten und kroch durch den ganz unauffälligen Spalt in den Berg. In jeder Höhle brachte ich nun in Nischen und Spalten meine Kerzen so an, daß man zwar nicht sie selber, jedoch ihr warmes Licht sah, das sie ausstrahlten. Als alle Kerzen in allen Höhlen brannten, kletterte ich eilig hinauf und holte die Freunde.

Als wir in die oberste Höhle kamen, von der aus man bis in die tiefste hinuntersehen konnte, standen wir alle wie gebannt und verzaubert. Keine Kerze flackerte in der stillen Luft der Höhlen, und wohl deshalb waren sie nun erfüllt von einem Licht, das geradezu überirdisch wirkte. Allen war es unheimlich, da hinunterzusteigen, und auch mir, der ich noch vor einer Viertelstunde die letzten Kerzen angezündet hatte, ging es nicht viel besser. Es sah aus, als würden wir alle von uns unbekannten Wesen feierlich dort unten erwartet!

Langsam und schweigend kletterten wir hinunter und ebenso still wieder hinauf. Und erst als ich die Kerzen einsammelte und jede Höhle unter mir wieder in ihre Nacht versank, begann der Bann zu weichen. Seltsam benommen und verstört standen wir unter dem weiten Himmel im frischen Bergwind, und noch eine ganze Weile kam kein richtiges Gespräch in Gang. Sogar die vielen klappernden Kerzenenden in meinem Rucksack konnten den Eindruck unseres feierlichen Abstieges zu den Unterirdischen nicht ganz tilgen.

Die Sehnsucht nach dem Wunderbaren ließ sich mit solcherlei Unternehmungen zwar einigermaßen befriedigen. Wo der Inbegriff des irdischen Wunderbaren aber zu finden sein würde, das stand für mich schon in Kindestagen fest: Miramare, das Wunderschloß am Meer, hatte es mir seit jeher angetan.

Schon in meinen ersten Sommerferien wollte ich meinen Traum verwirklichen; aber für einen provisorischen Aushilfs-Unterlehrer gab es in den Ferien kein Gehalt, und so hatte ich erst nach einem weiteren Jahr so viel Reisegeld beisammen, daß es für das Allernötigste reichen würde. Zu Fuß. Drei mächtige Gebirgszüge trennten mich vom Meer und dem Schloß an seinem Gestade. Drei Alpenpässe hatte ich zu überschreiten, den Paß am Tappenkarsee, den Katschberg und den Predilpaß. Und je mehr Kilometer ich am Tag zurücklegte, desto mehr konnte ich sehen, denn umso länger reichte mein Geld.

Hinter dem Predil begann für mich fremdes Land und eine fremde Sprache. Das erstemal in meinem Leben verstand ich nicht mehr, was die Menschen untereinander redeten. Tief grün floß neben der staubigen Straße der Isonzo, es war August. Je weiter ich nach Süden kam, desto heißer wurde es und desto staubiger. Bis zu den Knöcheln watete ich im grellweißen Kalkstaub, der sich an den bloßen Füßen wie ganz feines, heißes Mehl anfühlte. Das Barfußgehen in südlichen Landen hatte ich mir jedoch ganz anders und viel schöner vorgestellt. Die baumlose Wildnis nämlich war voll von Dornen und stachligem Dickicht, das auch den abgehärtetsten Barfüßler zwingt, auf den Straßen und Wegen zu bleiben.

Die beiden letzten Tage meiner Wanderung waren Gewaltmärsche: von Karfreit bis Görz und von Görz bis Triest, jeweils mehr als sechzig Kilometer! Eine arge Mühsal ist mir dabei in besonderer Erinnerung geblieben. Den ganzen Tag war ich in glühender Hitze gewandert. Eine Stunde vor Görz legte ich mich zu kurzer Rast in den schmalen Schatten eines Steinmäuerchens an der Straße. Mit letzten Kräften torkelte ich danach bis vor die ersten Häuser von Görz. Da merkte ich plötzlich: ich hatte meinen Havelock hinter dem Mäuerchen liegen gelassen. Kopf und Herz taten mir weh vor Schrecken. Ich wankte zurück, von der Angst gefoltert, der kostbare Mantel könne nicht mehr da liegen. Aber er lag noch da. Ich knickte auf ihm zusammen und schlief auf der Stelle ein.

Der letzte Tag, der siebente der Wanderung, brachte mich zum Karst. Abends sollte ich das Meer sehen. In greller Mittagshitze wanderte ich durch die sonneglühende staubige Felswüste. Sonderbare große weiße Beeren wuchsen an dornigem Gesträuch am Straßenrand; sie verwandelten sich, wenn man sie anfaßte und den Kalkstaub abwischte – in tiefschwarze Brombeeren. Gegen Abend sah ich zum erstenmal das Meer. Aber vom Kopf bis zu den Füßen war ich mit einer dicken Kruste von Schweiß und Staub bedeckt, ich hatte mich verlaufen und war so entsetzlich ausgetrocknet, daß ich – dem langersehnten Augenblick zum Trotz – nichts anderes mehr denken und fühlen konnte als maßlosen Durst.

Miramare, das Märchenschloß meiner Kinderträume, erreichte ich am späten Abend. Und wie ein reich beschenktes Kind schlief ich, zufrieden und beglückt, noch im Schloßgarten ein – meinem ersten Tag am Meer entgegen.

ALS SCHULLEITER
IM HOCHGEBIRGE

Zwei Jahre Lehrtätigkeit und eine erfolgreiche praktische Prüfung bildeten die Voraussetzung für jenen Schritt, der meinem bis dahin recht unsteten Aushilfslehrerdasein eine entscheidende Wendung geben sollte: Ich schrieb meine Bewerbung um eine definitive Lehrerstelle, von der ich – so ich sie erst einmal hatte – nicht mehr nach Belieben versetzt werden konnte.

War man wählerisch, so konnte man geraume Zeit Gesuch um Gesuch schreiben: Die erstrebten guten Stellen wurden stets „anderweitig vergeben", und der junge Anfänger konnte nur hoffen, eine Stelle zu bekommen, die andere Bewerber meist aus guten Gründen nicht haben wollten.

„Hiermit wird zur Besetzung ausgeschrieben die Schulleiterstelle an der einklassigen Volksschule in St. Nikolai", stand eines Tages im Amtsblatt zu lesen. Lange mußte ich meine Landkarte zu Rate ziehen, bis ich es schließlich gefunden hatte: ein winziges Nest am hintersten Ende des steirischen Sölktales, umringt von Gipfeln, deren keiner unter 2000 Meter lag, und der Ort selbst auf 1120 Meter über dem Meer. Auf meine mit wenig Erfolgshoffnung geschriebene Bewerbung kam in kürzester Frist der Bescheid vom Bezirksschulinspektor: „St. Nikolai ist Ihnen todsicher." Ich war der einzige Bewerber.

Todsicher! Das mußte ja ein schauderhafter Posten sein. Es war schon tief im Spätherbst. Um zehn Uhr nachts hielt der Personenzug an der kleinen, nur aus einem Bahnwärterhäuschen bestehenden Station, es war stockfinster und regendrohend. Der Bahnwärter deutete mir ein Sträßchen, das sich bergwärts zog und grade noch zu erkennen war; da sollte ich nur immer entlanggehen, nach vier Stunden käme ich nach St. Nikolai, und verirren könne ich mich nicht, es gibt nur diesen Weg. Die Straße stieg auf und ab, in größerer oder geringerer Tiefe rauschte ein Wildbach durch die Nacht herauf, die finsteren Bergwände des Tales wurden immer höher, rückten immer enger zusammen, und aus dem schmalen Streifen Himmel über mir strömte ein schwerer Regen herab. Ich tappe mich vorwärts durch die immer bedrängender werdende Dunkelheit – da sind plötzlich vor mir die Tritte schwerer Bergschuhe zu vernehmen und das regelmäßige Aufschlagen eines Gehstocks, und fast im gleichen Augenblick stoße ich mit einer dunklen Gestalt zusammen, die sofort ausruft: „Bist du der Herr Lehrer?" Es war der Obmann des Ortsschulrates, ein Bergbauer, der dem neuen Lehrer entgegengegangen war.

Nun wanderten wir zu zweit stundenlang immer tiefer in die finstere Bergwelt, es regnete und schneite durcheinander, und ich hatte nach wie vor keine Vorstellung, wie mein Begleiter wohl aussehen mochte; ebensowenig konnte der sich ein Bild vom neuen Lehrer machen, wir kannten nur jeweils des anderen Stimme. Durch mittlerweile heftigen Schneefall führte der Weg nun etwas bergab, dicht neben uns rauschte der Wildbach, das Tal weitete sich ein wenig – wir waren am Ziel.

Ein niederes gemauertes Haus wurde dicht vor uns sichtbar, und während wir den Schnee von den Kleidern schüttelten, kramte mein Begleiter einen Schlüssel aus der Tasche und führte mich in den Vorraum des Schulhauses, von dem aus eine Tür in die Schulstube, eine zweite aber in die Lehrerwohnung ging, die aus einem einfachen, dreifenstrigen Zimmer bestand.

Dort entzündete mein nächtlicher Begleiter nach einigem Herumtappen schließlich eine Kerze, und nun sahen wir einander an. Mein Eindruck war sicher der bessere: Ein großer, wettergezeichneter Gebirgsbauer, ein richtiges Gewächs dieses rauhen Tales stand vor mir und betrachtete sich im spärlichen Kerzenschein, was er da durch die finstere Nacht hereingelotst hatte. Es klang schließlich mehr besorgt als begeistert, als er mir zum Abschied versicherte, ich würde mich schon eingewöhnen, es werde schon gehen. Dann stapfte er hinaus in die Nacht, weiter taleinwärts zu seinem Hof, und ich blieb zurück in meinem Schulhaus: als definitiver Schulleiter von St. Nikolai.

Das Zimmer war auf das dürftigste eingerichtet, eine Tür führte in einen kahlen, einfenstrigen Raum, der nichts sonst enthielt als ein Bett. Mein Bett.
Bald schlief ich ein, doch immer wieder wurde ich halbwach. Ich war zwar der einzige Bewohner des abgelegenen Hauses, dennoch erschien mir das Zimmer erfüllt von einer seltsamen Unruhe. Aber ich war todmüde vom nächtlichen Marsch, und so erwachte ich erst, als die Sonne schon einen hellen Frühwintermorgen in meine Kammer leuchten ließ. Da wischte und raschelte es im Zimmer, auf dem Fußboden, unter dem Bett und auf dem Bett – ich hatte nicht allein geschlafen: Wenigstens ein Dutzend Mäuse hatte sechs Ferienwochen lang Besitz vom leeren Schulhaus ergriffen, und nun betrachteten sie neugierig und furchtlos von der Fensterbank und der Bettkante aus den neuen Zimmergenossen.
Gepolter in der Schulstube verriet die Anwesenheit einer ordnenden Arbeitskraft. Ein mageres altes Weiblein hantierte mit dem Besen und rückte die Bänke. Ihr empfahl ich meine Schlafgenossen – die erste Amtshandlung des neuen Schulleiters.

Der Alltag in der einklassigen Gebirgsvolksschule konnte beginnen. Nach mitunter stundenlangen Anmärschen kommen alle Kinder in der einzigen Schulstube zusammen, die großen und die kleinen, und ein einziger Lehrer hat sie alle zusammen zur selben Zeit und im selben Raum zu unterrichten. Ein Lehrer. Denn nie oder nur im äußersten Notfall ist es eine Lehrerin, die in den Kampf mit den fast vierzehnjährigen Bauernburschen geschickt würde, welche im Herbst von den Hochalmen herunterkommen, wo sie als junge Knechte oder Viehhüter schon schwere Arbeit zu leisten haben. So eine Klasse von Hochgebirgskindern ist eine abgehärtete Gesellschaft, eine Auslese. Sie kommen um acht Uhr morgens und bleiben, mit einer Stunde Mittagspause, bis drei Uhr nachmittags. Wintermäntel sind unbekannt, ein kurzer derber Lodenjanker über einem groben Leinenhemd muß auch bei Schneestürmen genügen, und gerät beim Schneeballwerfen eine weiße Ladung auf die bloße Haut, so wird sie gleichmütig unter dem Hemd wieder herausbefördert.

In einer Innentasche des Rockes befindet sich das Mittagessen: meist bröckeliger Käse, eingewickelt in zähe Mehlfladen, die das Packpapier ersetzen und den Kindern als eßbar gelten. Und auch zu Mittag bleibt alles im Klassenzimmer oder treibt sich in der Nähe des Schulhauses herum – ein Umstand, den ich allmählich für disziplinierende wie pädagogische Maßnahmen zu nützen wußte: Ich grub ihnen im Garten einen kleinen Teich, den wir jeden Sommer ein wenig vergrößerten. Zuletzt war darin eine tischgroße Insel und ein etwa ebensogroßes Floß – eine ideale Forschungsstätte für Kaulquappenvermehrung und Froschbeobachtung –, bis die von den Hochalmen abgetriebenen Kühe regelmäßig die Teichränder zerstörten, wenn sie den Schulteich als willkommene Tränke nützten.

Der Winter wiederum bot andere Möglichkeiten der sinnvollen Zeitnutzung außerhalb des Schulgebäudes. Als einmal besonders reicher Schneesegen das Land bedeckte, bauten wir hinter dem Schulhaus eine so große Schneehöhle, daß die ganze Klasse, wenn auch dicht zusammengedrängt, darin Platz fand. Die von Höhlenbau und Schneeballschlacht erhitzten Kinder strahlten eine beträchtliche Wärme aus, so daß die Innenwände unseres Filialklassenzimmers glatt und glasig wurden und glitzerten im Kerzenlicht. Ein vergnüglicher Zufall wollte es, daß einmal just zu Mittag der Herr Schulinspektor im leeren Schulzimmer auftauchte und mich stirnrunzelnd fragte, warum ich denn heute schulfrei gegeben hätte. Ich führte ihn hinter das Haus zu einem engen Loch im Schnee und rief hinein: „Singen!" Ein vielstimmiger dumpfer Gesang erscholl aus dem Loch, und mit breit grinsenden Gesichtern kroch die ganze Klasse zu dem verdutzten Inspektor heraus, der nicht recht wußte, welche Miene er zu diesem Spiel machen sollte.

Mein Fahrrad war das erste Rad, das die Kinder sahen, und es wurde zur unerschöpflichen Quelle des Interesses und des Vergnügens für die Mittagspause. Bei Regenwetter führte ich die Schüler zuweilen – als besondere Auszeichnung – in meine auf der anderen Seite des Flurs gelegene Wohnung. Es ging ihnen dabei, wie es mir als Kind in den Wohnungen unserer Milchkundschaften gegangen war: Sie staunten über all die nie gesehenen Dinge und hielten etwa meinen Schaukelstuhl für einen Schlitten, während ein schön geschnitztes Bauernkruzifix die Aufmerksamkeit einer Sechsjährigen erregte: „A, tuast wohl beten aa?" fragte sie mit großem Ernst. Ich bin stets behutsam umgegangen mit jeder ehrlich erworbenen Meinung anderer und geriet nun in einiges Nachdenken über die Ursachen dieser Frage.

Doch auch so manche Antworten aus Kindermund gaben mir viel zu denken. So etwa nahm ich eines Tages ein großes, gerahmtes Ölgemälde mit ins Schulzimmer. Es war mein eigenes, von einem befreundeten Künstler gemaltes Porträt, das nach allgemeinem Urteil mir „sprechend ähnlich" geraten war. Das Bild auf den Katheder stellend, fragte ich: „Wer ist das?" und war mir der sofortigen vielstimmigen Antwort völlig gewiß: „Der Herr Lehrer." Statt dessen aber allgemeines Schweigen, alles starrt auf das Bild. Und schließlich, auf mein drängendes Fragen hin, kommt eine Antwort: „Der Kaiser!"

Nicht die geringste äußerliche Ähnlichkeit verband mich mit dem alten Kaiser Franz Joseph; aber die Klasse blieb dabei: Das ist der Kaiser! Lange konnte ich das nicht begreifen, um so weniger, als die Bergbauernkinder ganz bestimmt noch nie ein Kaiserporträt gesehen hatten. Schließlich erklärte ich es mir so:

Die Kinder kannten nur die mächtigen Ölgemälde in der Dorfkirche. Nur ganz erhabene und heilige Sachen malt man so groß. Ein solches Bild aber, das nicht in der Kirche hängt, kann kein heiliges Bild sein – also bleibt nur der Kaiser. Die Logik dieser Vorstellung war für die Kinder wohl so zwingend, daß das, was ihre Augen sahen, in ihren Hirnen nicht verarbeitet werden konnte. Der närrische Ritter Don Quixote sieht nicht, was er vor Augen hat, sondern sieht das, was er denkt und glaubt. Je mehr ich die Welt und mich selber beobachten lernte, umso weniger wunderte ich mich also über die Antwort meiner Schützlinge, umso klarer wurde mir, was für ein tatsachenblinder, närrischer Ritter der Mensch ist.

Der einklassige Unterricht versammelt alle schulpflichtigen Kinder, vom sechsten bis zum vierzehnten Lebensjahr, Buben und Mädel, in einem Raum. Die sechsjährigen „Tafelkratzer" seufzen beim „i", die höheren Jahrgänge, die „Tintenpatzer", kämpfen mit den Tücken von Feder und Papier, während die ganz Großen in den hinteren Bänken den Offenbarungen der höheren Schulweisheit lauschen.
Es ist eine mühsame und gefürchtete Plage, die den Lehrer dauernd in Atem hält, denn während er eine der drei oder gar vier Abteilungen unterrichtet, muß er die übrigen mit Aufgaben still beschäftigen und sie dabei noch überwachen und gegebenenfalls auch korrigieren. Sechs Jahre lang habe ich so unterrichtet und dabei viel erfahren und gelernt, von dem auch der beste Lehrer in der Stadt nicht die geringste Vorstellung haben kann. Die Kinder ihrerseits gewöhnen sich bald daran, wegzusehen und wegzuhören, wenn ich mich mit einer anderen Abteilung beschäftige; nur die Schulanfänger fügen sich nicht gleich und ohne Schwierigkeiten in dieses vielschichtige System.
Einmal stehe ich knapp vor der ersten Bankreihe, spreche aber zu den Großen auf den hintersten Plät-

zen. Da zupft mich das sechsjährige Bauernbübel, neben dessen Bank ich stehe und das unterdessen still lesen sollte, am Rock. Ich beuge mich zu dem Knirps, dessen Kopf ungefähr in Höhe meiner Weste ist, hinunter. „Du", sagt er vertraulich und begeistert zu mir, „i hör dei' Uhr!"

Ein anderer Sechsjähriger kratzt schrill auf seiner Schiefertafel und hält den Griffel, trotz vielfacher geduldiger Anleitung, immer wieder in der Faust statt mit den Fingern. Schließlich packt mich ob des unausgesetzten Gequietsches der Zorn, und ich schreie den Unbelehrbaren an. Das Büberl schaut mehr erstaunt als erschrocken auf, legt mit ernstem Gesicht den Griffel in die Bankrinne und verkündet mit fester Stimme: „Du, wennst so bös bist mit mir, nachher mag i dih nimmer!"

Ein rotwangiger Knirps springt nach der Religionsstunde aufgeregt aus der Bank, zeigt auf seinen Nachbarn und ruft: „Herr Lehrer, der Berghammer hat gsagt, er glaubt nicht an Gott!" – „Da wird sich der Herrgott aber was draus machen!" beruhige ich ihn, womit die beginnende Religionskrise auch schon wieder zu Ende ist.

Ein andermal erkläre ich, vor der Landkarte stehend, der Oberstufe den Aufbau der Gebirge. Der Pfarrer hat den Kindern gerade von der Sintflut erzählt, und nun lasse ich meine Großen anhand der Höhenlinien auf der Landkarte feststellen, in welcher Reihenfolge die Bewohner der Steiermark bei einer neuen Sintflut ertrinken würden. Sie sind auf das eifrigste dabei, die letzten Steirer retten wir auf den Dachstein. Abgeschreckt durch das Ungetüm von Landkarte, buchstabieren die Kleinen unterdessen unbeteiligt und still in ihren Fibeln. Doch gerade während ich zu recht abstrakten geologischen Darlegungen komme, schiebt ein kleines Mädchen in den vorderen Bänken sein Buch weit von sich und schaut mich unverwandt mit dem Ausdruck höchsten Interesses an. Und auch als ich von Dingen spreche, die sie unmöglich verstehen kann, vermindert sich ihre gespannte Aufmerksamkeit nicht im geringsten. Meiner Ratlosigkeit, was an meinem Vortrag sie denn so fasziniere, macht sie mit einem freudigen Ausruf ein plötzliches Ende: „Du, Herr Lehrer, ober dir kummt a Spinn oba!" Das war es also gewesen.

Meine Bergbauernkinder hatten kein schönes Leben, und es wartete auch keines auf sie. Der Himmel, den sie aus dem Katechismus lernten, war nur in der Religionsstunde zu gebrauchen, von einem Himmel auf Erden blieben sie zeitlebens weit entfernt. Ihnen wenigstens den Himmel, der allnächtlich über ihrem abgeschiedenen Bergbauerndasein sich spannte, nahezubringen, lag mir daher sehr am Herzen.
Die Sternbilder auf dem Papier oder der großen Schultafel waren unansehnliche und vergängliche Gebilde und hatten überdies den großen Fehler, daß man zu ihnen nicht aufschauen konnte. Neben der fehlenden Anschaulichkeit – erstes Gebot für den Elementarlehrer! – kann so ein platter Papierhimmel im Kleinformat schon gar keine Ehrfurcht vermitteln vor dem sich ins Unendliche wölbenden Firmament.
So reifte in mir zunächst der Plan, die Sternbilder an die Decke des Schulzimmers zu malen. Aber da drohten sie unter der groben Malerbürste des nächsten Maurers, der die Schulstube ausweißen würde, allzubald zu erlöschen. Da brachten mich die Sohlen der am Ofen zum Trocknen aufgehängten schwergenagelten Bergschuhe meiner Schulkinder auf eine viel solidere Idee. Hier nämlich sah ich Schuhnägel in allen Formen und Größen, vom kleinen, zierlichen „Mausköpfl" bis hin zum derbköpfigen mehrkantigen Absatznagel. Nur sah das alles aber noch viel zu grau und unansehnlich aus und reichte höchstens zu Sternen minderer Rangordnung.
So machte ich mich auf die Suche. Doch auch in den Schubladen und Nägelpaketen des Dorfkrämers fand

sich nichts, was würdig gewesen wäre, Sterne erster Größe vorzustellen. Die Tapezierer aber haben herrliche, sternförmige Nägel jeglicher Größenordnung! Bald hatte ich solche und noch viel mehr als ich brauchen konnte, denn Sterne erster Größe sind am Himmel ebenso selten wie auf der Erde.

Da lag nun der ganze Sternenhimmel zunächst in einem Schachteldeckel, daneben ein Hammer, Sternkarten, Maßstäbe und Schnüre mit angebundenen Bleistiften. Die Arbeit konnte beginnen. Doch schon die geistigen Vorbereitungen waren überreich an immer neu auftauchenden Problemen. Wie einfach wäre es gewesen, sich nur auf die nähere und weitere Umgebung des Polarsterns zu beschränken. Aber dann hätte meinem Himmel der herrliche Orion gefehlt und auch der Sirius, für den ich zwar die längste Meßschnur brauchte, auf dessen eindrucksvolle Sichtbarmachung aber auch ein herrlich gezackter, glänzender Tapezierernagel wartete. Ja, und die Sternbilder! Ich mußte dem wißbegierigen Schulvolk ja schließlich alle meine Nägel erklären und Geschichten dazu erzählen, ohne dabei mit der Wissenschaft allzu sehr in Konflikt zu geraten. Vor allem mußte daher die Form der Sternbilder und ihre Stellung zueinander exakt sein. Die Kinder sollten den Schuhnägelhimmel im Vergleich mit dem Original ja auch wiedererkennen können.

Auf wackeligen Kisten, die ich auf die Schulbänke gestellt hatte, turnte ich also herum, zerstieß und zertrat schon ein paar Tintengläser, noch ehe ich, in Gestalt eines langen Stahlstiftes, den wichtigsten Stern in die Decke gehämmert hatte, den Polarstern. Und alsogleich sammelte sich abbröckelnder Kalkstaub in meinem Halskragen und gab mir einen Vorgeschmack des Kommenden. Möge das Schicksal mich niemals wieder mit dem Einfall heimsuchen, auf diese strapazenreiche und schmerzhafte Weise pädagogisch-praktische Astronomie zu treiben. Das Schlimmste war, daß ich mit der angefangenen Arbeit nicht mehr aufhören konnte – die Schulbuben, die jeden Morgen nach neuen Sternen Ausschau hielten, hätten es mir nie verziehen, wenn der Polarstern oder der Große Wagen jahrelang von einem unvollendeten Firmament vorwurfsvoll auf uns herabgeblickt hätten.

Als die Arbeit endlich, endlich fertig war, fühlte ich mich als ein gebrochener Mann. Vor lauter Kreuzweh und Genickschmerzen konnte ich tagelang nicht einmal den Blick erheben zu meinem Schuhnägelhimmel. Der aber tat noch lange Jahre Dienst als anschauliches Abbild des unendlichen Alls, bis er schließlich mitsamt dem Schulhaus einem Neubau weichen mußte. Meine Schüler von damals aber sprechen mich noch nach Jahrzehnten auf ihn an – und so mögen sich ein paar Tage Kreuzweh auf lange Sicht wohl doch gelohnt haben.

Es klopft an der Tür. Ein vierschrötiger Holzknecht steht draußen, er hätte ein Anliegen an den Herrn Lehrer. Von dem drei Gehstunden entfernten Holzschlag hat ihn ein unbändig schmerzender Zahn heruntergetrieben, der ihn nicht eine Stunde schlafen läßt. Und den soll der Herr Lehrer jetzt herausreißen. Entsetzt lehne ich ab. Da beginnt er zu jammern und zu bitten, ich solle ihn doch nicht wieder stundenlang hinauslaufen lassen, denn er wisse genau, daß ich mich aufs Zahnreißen verstehe.

Mit allerlei anderem Schubladenkram hatte ich irgendwann einmal auch eine schöne, vernickelte Zahnarztzange erstanden. Die hatte man bei mir gesehen – und nun hieß es: Der neue Lehrer kann Zahnreißen. Er will bloß nicht, man muß ihn recht bitten. Und so brachte ich den Mann nicht mehr los. „Da bleib i sitzen bi's finster wird!" erklärte er verzweifelt und war beglückt, als ich ihm – in der Hoffnung, der Zahn wäre eine leicht zu entfernende wacklige Wurzel – in den weitaufgesperrten Mund schaute.

Es war ein derber unterer Stockzahn, der beängstigend solid aussah. „Außa muaß er!" bekräftigte mein Patient unerbittlich, und so holte ich meine blecherne Waschschüssel, kniete mich dem leidenden Holzarbeiter halb auf die pechschwarze Lederhose und begann. Mehr als wilde Grimassen des Versuchskaninchens erzielte ich zunächst nicht, aber mit dem Mut der Verzweiflung schob ich die Zange tief unter das Zahnfleisch, um den widerspenstigen Zahn ganz unten fassen zu können; daß ich ihn schließlich doch noch herausbrachte, verdanke ich dem Glück und der heldenhaften Ausdauer meines Patienten, der stöhnte und Blut spuckte, mich aber in jeder Kunstpause sofort wieder anfeuerte: „Lassen S' net aus, Herr Lehrer!"

Trotz schärfsten Schweigegebots begleitete mich von dieser Stunde an das hartnäckige Gerücht meiner überragenden Zahnarztkünste, und es blieb mir in der Folge nicht erspart, sie an zahllosen im Zahnwechsel befindlichen Schulkindern immer wieder zu erproben. Fast immer konnte man mit dem bloßen Finger Ordnung im Mund schaffen, und in dem weitabgeschiedenen Gebirgstal war man froh über den neuen Zahnarzt.

Dennoch wurde ich eines Tages zum Bezirkshauptmann vorgeladen: Eine Anzeige war gegen mich eingelaufen, in der nämlichen Zahnarztfrage. Ich erklärte, der Inhalt der Anzeige sei richtig. „Dann erteile ich Ihnen hiermit einen Verweis", entgegnete der gestrenge Herr – und sah mich dabei so anerkennend und aufmunternd an, daß ich wohl verstand, wie dieser „Verweis" gemeint war, und meine schulzahnärztliche Praxis weiterhin ungestört ausübte.

Zweimal in der Woche kommt die Post in das entlegene Gebirgsdorf. Heute ist es nur das Amtsblatt; eine wenig ergiebige Pflichtlektüre – neue Drucksorten, Schulversäumnisausweise. Aber da plötzlich etwas Hochinteressantes: Der Steiermärkische Landesausschuß gibt bekannt, daß er für jede abgelieferte Kreuzotter eine Prämie von drei Kronen bezahlt. Drei Kronen! An meinem Lehrergehalt gemessen eine geradezu fürstliche Summe. Das Geld liegt also auf der Straße, das heißt, es liegt auf allen Wegen, auf denen Kreuzottern herumkriechen. Man braucht es nur aufzuheben.

Nichts leichter als das: Man fasse die Kreuzotter am Schwanz und hebe sie rasch in die Höhe, denn sie ist nicht muskelkräftig genug, den nach unten hängenden Kopf zur haltenden Menschenhand hinauf zu erheben.

Auch einem sehr arglosen Gemüt schwant wohl, daß zwischen dieser Gebrauchsanweisung und den drei Kronen ein weiter und oft nicht sehr einladender Weg liegt. Zunächst einmal muß man die Tiere finden, denn glücklicherweise für die gesamte Mitwelt, aber unglücklicherweise für mich liegen die nicht überall herum, und zudem sind es keine Riesenschlangen, sondern etwa fingerdickes Kleinzeug von der Länge eines halben Spazierstockes. Dazu kommt, daß jede zwei Enden hat, von denen nur eines geheuer ist, und ich muß sehr fest an die drei Kronen denken, wenn ich eine von ihnen zu Gesicht bekomme, und an Venedig und Florenz, wohin mich der Schlangenerlös bringen soll.

Um mich auf den Kreuzotternfang stufenweise zu dressieren, beginne ich zum Abgewöhnen der Schlangenfurcht mit Ringelnattern. Das sind wirklich harmlose Tiere, wehrlos wie Regenwürmer oder Blattraupen. Doch auch hier läßt einen die beruhigende Theorie in der Praxis zunächst schmählich im Stich: Wenn die Schlange in der Hand mächtig zappelt, zischt und züngelt, läßt man sie entsetzt und feige wieder fallen – auch den großen Helden der Ilias ginge es aufs erste wahrscheinlich nicht besser. Erst nach und nach überzeugt man sich von der völligen Gefahrlosigkeit und beginnt langsam, an den eleganten, geschmeidigen Bewegungen der glänzenden Riesenwürmer Gefallen

76

zu finden, bis man schließlich mit ihnen umgeht wie mit irgendeinem Haustier.

Erst nach solcherlei Vorübungen ging ich richtig auf die Kreuzotternjagd, aber bis zuletzt brachte ich nicht so viel Mut oder Leichtsinn auf, eine am Schwanz aufzuheben, sondern muß gestehen, daß ich sie vorsichtshalber zuerst so kunstgerecht oder so kunstlos, wie es die Umstände erforderten, zu Tode beförderte.

Nach etlichen Monaten trat ein großer Preissturz im Schlangengeschäft ein: pro Kreuzotterkopf wurde nur mehr eine Krone bezahlt. Doch ich hatte bis dahin schon eine stattliche Anzahl von Schlangenköpfen in schöne Silberkronen umgewechselt und reiste mit dem Schlangengeld über die Berge nach dem Süden.

Das Töten von Tieren jedoch zählte niemals zu meinen bevorzugten Beschäftigungen; viel lieber beobachtete ich sie in der freien Natur oder hatte sie gar in Haus oder Garten zu Freunden.

Als ich bei meinem ersten Wienaufenthalt meines Lebens zu einem unerwarteten Honorar von dreißig Kronen gekommen war, beschloß ich, dieses unverhoffte Geld keiner banalen Verwendung zuzuführen, nein, etwas ganz Ausgefallenes wollte ich mir davon kaufen und in mein Hochgebirgsdörfchen mitnehmen. Gedankenverloren wandere ich durch die Straßen und Gassen der Inneren Stadt; vor einem Schaufenster drängen sich ungewöhnlich viele Menschen – es ist eine Tierhandlung, und ein halbes Dutzend Affen turnt hinter der Scheibe auf und ab, zierliche Geschöpfe von Gewicht und Größe einer Hauskatze, mit netten runden Köpfchen und großen aufmerksamen Augen.

Das war das Richtige – ein Affe! Ich wähle einen sympathischen kleinen Kerl, den der Verkäufer mit sicherem Griff erwischt und in eine kleine Kiste mit vergittertem Guckloch und Schieber verstaut. Eine Kette wird an einem Ende mit dem Halsband verknüpft, am anderen an die Kiste genagelt, ich bezahle 24 Kronen und stehe gleich darauf mit meiner Affenkiste auf der Straße. Das Affentheater konnte beginnen.

Im Eisenbahnabteil stellte ich das Kistchen ins Gepäcknetz, mit dem Guckloch nach außen. Wir hatten viele Stunden zu fahren, über den Semmering bis ins Ennstal, und jedesmal, wenn das kleine Köpfchen meines „Jumbo" durch die Gitterstäbe sichtbar wurde, gab es ein großes Hallo unter den Mitreisenden.

Es war tiefe Nacht, als wir, mein Äffchen und ich, schließlich an der kleinen Haltestelle ausstiegen. Das Kistchen paßte gerade in den Rucksack, und so ließ ich mein übriges Gepäck beim Bahnwärter und wanderte mit meinem neuen Begleiter im Rucksack den vierstündigen Weg hinein ins Tal. Ihm war dabei wohl etwas ängstlich zumute, denn so oft ich auf der langen Wanderung „Jumbo" rief, antwortete mir im Rucksack seine Stimme.

Am nächsten Morgen erhielt Jumbo seinen Platz in meinem Zimmer. Ich hängte die Innenflügel eines Fensters aus und befestigte Jumbos Kette am Fenstergitter. An diesem und auf der Fensterbank konnte er nun herumturnen, ins Zimmer schauen oder auch hinaus auf die Straße.

Es ist kaum möglich, das Aufsehen zu beschreiben, das mein neuer Hausgenosse in dem abgelegenen Bergwinkel hervorrief. „Der Herr Lehrer hat einen Affen!" – eine Mitteilung, die zunächst als Witz betrachtet wurde, war ich doch dafür bekannt, daß ich im Wirtshaus mein Seidel Bier meist nur als Platzmarke verwendete. Allmählich aber hatte sich die Sensation herumgesprochen, und sonntags kamen die Bauern nach dem Kirchgang, sammelten sich vor meinem Fenster, betrachteten meinen Jumbo, und er betrachtete sie.

So kam eines Tages auch ein altes Weiblein, um meinen Hausgenossen zu sehen. Jumbo saß am Fenster, hatte ein Stück Brot in der Hand, biß ordentlich davon ab, sah das Weiblein an und fuhr sich mit dem Handrücken hie und da über die Nase. Nach langer, schweigender Beobachtung fragte meine Besucherin endlich verwundert. „Ja, darf man denn das?" Ich verstand nicht gleich, was sie meinte. „Ja, an eine Kette hängen?" Ich erklärte ihr, daß das notwendig sei – und erriet schließlich den Grund ihrer Verwunderung: sie hatte noch nie von der Menschenähnlichkeit der Affen gehört und hielt meinen Jumbo ganz offenbar für eine menschliche Mißgeburt.

Mein Affe und ich waren bald gute Freunde. Nur die Schulkinder fürchteten ihn noch lange. Denn stand die Schulzimmertür offen, dann huschte Jumbo unversehens hinein, visitierte die Schultaschen und oft auch die Kleidertaschen der Kinder nach Eßbarem und verteidigte alsdann seine Beute mit heftigem Knurren. Und auch den klugen und dressierten Hunden der Jäger war der unbekannte Vierbeiner keineswegs geheuer; nie hätte ich geglaubt, daß ein Hund ein derart dummes und verlegenes Gesicht machen könnte, wie es die Jagdhunde beim Anblick meines Jumbo taten.

Anderthalb Jahre lebte der freundliche Affe nun schon im Bergdorf. Da bemerkte ich eines Tages, daß Jumbo, der sich stets peinlich sauber gehalten und jedes Stäubchen aus seinem Fell mit spitzen Fingern entfernt hatte, anfing, unsauber zu werden. Es war der Anfang vom Ende. Er wurde zunehmend traurig und saß stundenlang nur herum. Eines Morgens kauerte er am Fenster, matt, das Gesichtlein voll von tiefen Kummerfalten, und sah mich unentwegt mit flehender Miene an. Ich brachte es nicht über mich, seinem Sterben zuzuschauen. Eilig lief ich ins Schulzimmer und hielt krampfhaft zwei Stunden Unterricht. Als ich schließlich wiederkam, war die kleine Gestalt am Fenster zusammengesunken und nicht mehr am Leben.

Damit aber war für mich die Haltung eher seltsamer Haustiere keineswegs für immer vorbei. Im Gegenteil.

Es war an einem schönen Herbstnachmittag: Die Schulkinder waren gerade mit ihren grobgenagelten Bergschuhen die Holztreppe hinuntergepoltert, es wurde still um das einsam gelegene Schulhaus. Von allen Seiten blickten die hohen Waldberge und steilen Gipfel herunter in das enge, vom rauschenden Gebirgsbach durchflossene Tal. Das kleine Schulhaus stand nun fast verlassen unten am Talboden, über ein kleines Sträßlein und eingezäunte Wiesen sah ich aus meinem Arbeitszimmer hinüber zur anderen, in Rufweite gelegenen Talseite. Ein Ochsenwagen knarrte vorbei, danach war es wieder so still, daß man das Plätschern des Wassers draußen am Röhrenbrunnen bis ins Zimmer herein hörte.

Da plötzlich, draußen, keine zwei Steinwürfe entfernt, bewegte sich etwas: ein Tier. Kein Schaf, keine Ziege – nein, eine Gams mußte das sein! Ich griff eilig nach meinem Glas. Kein Zweifel, das waren keine Ziegenhörner, keine Rehkrickerl, das war eine leibhaftige Gams, prächtig anzuschauen aus solcher Nähe, wie sie den Kopf mit den weißen Streifen im Gesicht unsicher spähend hin und her bewegte – und ich beschloß spontan, die Gemse zu fangen!

Ein Unternehmen mit etwa den gleichen Erfolgsaussichten wie der Versuch eines jungen Hundes, eines Vogels habhaft zu werden. Mit bloßen Füßen eilte ich hinaus ins Vorhaus und drückte die Türklinke mit einem leisen „klack" nieder – schon riß es der Gams den Kopf herum, eine Wendung, ein paar Sprünge, und weg war sie.

Ein derart schnelles Ende meiner Gamsjagd hatte ich nun doch nicht erwartet. Etwas verdattert stand ich barfuß, in Hemd und Hose unter der Haustür. Aber wenigstens sehen wollte ich das scheue Tier noch einmal. So geräuschlos wie nur möglich pirschte ich mich an die kleine Holzbrücke über den Wildbach heran,

und da – ein brauner Fleck mitten im Grau der Erlen-
stämme: die Gams! Wie unter einem Zwang packe ich
einen dürren Ast und stürme, mit wildem Gebrüll den
Ast an die Bäume schlagend, ins Jungholz, dringe in
größter Aufregung und Spannung zum Bachufer vor
und blicke vom steilen Uferhang hinunter in den
Bach, der gerade an der Krümmung einen tiefen Tümpel bildet. Und da, nur etliche Meter unter mir, ist sie;
sie kann das ausgewaschene und steil überhängende
Ufer nicht erklettern und treibt schwimmend im Wasser. Jetzt wird es ernst: Zögere ich, so treibt die Gams
den Bach hinunter, bis er breit und damit seicht wird,
wo sie also wieder Boden unter die Füße bekommen
und mit ein paar mächtigen Sprüngen für immer dahin sein würde. Aber bei einem Kampf im Wasser habe ich Aussichten.
Ich springe hinunter in den Tümpel zu der erschreck-
ten Gemse, die wild rudernd mit ihrer gefährlichen
Kopfwaffe nach mir zu stoßen versucht. Wenn sie ihre
Krickel irgendwo an meinem Körper einhaken sollte,
dann würde sie mir das Fleisch in Fetzen reißen!
Ängstlich meide ich daher ihren Kopf und strebe nach
den Hinterbeinen, von denen ich eines und schließlich, nach wildestem Gestrampel und Gespritze, auch
das zweite zu fassen bekomme. Nie zuvor war ich
mehr entschlossen, meine Beute festzuhalten, komme,
was da wolle. Und es kommt allerhand. Die schwim-
mende Gams versucht verzweifelt, mich mit ruckwei-
sen Stößen ihrer Hinterläufe abzuschütteln. Nicht der
stärkste Mann hätte mich je im Leben derartig bis auf
die Knochen durchbeuteln können! Es kostet mich al-
lergrößte Mühe, wenigstens den Kopf über Wasser zu
halten; mein übriger Körper besteht nur noch aus haltenden Händen. Das Wasser spritzt bei unseren ver-
bissenen Kämpfen hoch auf und treibt uns allmählich
und langsam zwischen den Felsblöcken bachabwärts.
Zum Glück werden wir beide schwächer – denn auch
die Gams hat ihr Äußerstes gegeben, und so entstehen
kleine Kampfpausen, in denen ich krampfhaft überle-

ge, wie ich auch das Vorderteil mitsamt dem gefürchteten Gehörn in meine Gewalt bringen könnte.

An einer seichteren Stelle habe ich plötzlich Boden unter den Füßen – die Gams aber noch nicht. Ich lasse ihre Hinterbeine fahren und werfe mich in einem Überraschungsangriff der schwimmenden Gams auf den Rücken, so daß ich, ihren Kopf nun hinter mir habend, diesen unter dem rechten Arm gepackt halte und um ihren Brustkorb herum mit beiden Händen die Vorderläufe zu fassen bekomme.

So lagen wir auf dem groben Schotter beide halb im Wasser, ich weiß nicht wie lange. Auch wie lange der Kampf gedauert hatte, weiß ich nicht zu sagen. Die Gams jedenfalls machte nur noch schwache Versuche, sich von mir zu befreien, und ich redete ihr meinerseits in begütigendem, beruhigendem Tone zu. Da geschah das Unerwartete: Das fern von allen Menschen in unumschränkter Freiheit aufgewachsene Tier gab plötzlich jeden Widerstand auf und ließ sich von mir – wenn ich auch kaum mehr die Kräfte dazu aufbrachte – fast lammfromm bis zum Schulhaus transportieren und war von Stund an *meine* Gams.

Als nach ein paar Wochen der Forstmeister, zu dem die Kunde von meiner Gamsjagd schon längst gedrungen war, ins Tal hereinkam, grinste er nur und meinte lachend, die Gemsen, die ich mit der Hand fange, könne ich alle behalten.

Vollzog sich das Zusammenleben mit meiner handgefangenen Gams in meinem üblichen Wohnbereich und sozusagen unter den Augen sowie der regen Anteilnahme der Öffentlichkeit, so teilte ich ein andermal Nahrung und Lebensraum in völlig anderer Weise mit einem vierbeinigen Kameraden. Und das kam so:

In Büchern aller Art stieß ich immer wieder auf Geschichten, Legenden und Sagen von Einsiedlern, die sich in unzugängliche Wildnisse oder Wüsten vor den

Menschen und dem lauten Leben zurückgezogen haben. Das wollte ich auch einmal probieren und beschloß, zwei Monate Schulferien in diese Erfahrung zu investieren.

Daß es dabei radikal und kompromißlos zugehen mußte, verstand sich von selbst, und da es in meiner Umgebung keine menschenleeren Sandwüsten gab, probierte ich es mit den Felswüsten des reichlich vorhandenen Hochgebirges. In einer Felsenhöhle hoch über der Baumgrenze zu hausen, bedeutet, mit den elementaren Bedürfnissen des Lebens vollauf beschäftigt zu sein. Da der Fels auch im Hochsommer und besonders nachts eine eisige Kälte aushaucht, heißt es zu allernächst einmal tief hinuntersteigen zu den letzten Bäumen und von dort dürres Holz heraufschleppen, je mehr, desto besser. Sich gegen den Hunger mit Wurzeln, Beeren, Kräutern, Heuschrecken und wildem Honig zu versorgen, wäre zwar sehr stilvoll und romantisch, aber ein schwerer Rucksack voll mit Fett und Mehl, mächtigen Laiben von Bauernbrot sowie einige bescheidene und sehr vorurteilslose Kochkünste begegnen allen Nahrungssorgen auf Wochen hinaus doch viel wirkungsvoller. Auf einer großen, mühsam hereingeschleppten Steinplatte brannte mein Höhlenfeuer, darüber garten meine behelfsmäßigen Höhlenmahlzeiten.

Eines Tages saß ich still bei dem verglimmenden Feuer, als es zu meinen Füßen plötzlich raschelte. Eine Maus, braun und viel größer als gewöhnliche Feldmäuse, knabberte an einem harten Brotrest. Als sie mich sah, verschwand sie eilends in der Dunkelheit der Höhle. Bald aber kam sie täglich wieder, und nach wenigen Tagen hatte ich ihr volles Zutrauen gewonnen, so daß sie sich sogar zu mir auf die Holzbank wagte, wenn ich dort ganz still saß. Zum Zeichen unserer Freundschaft schenkte ich ihr einen ganzen mondsichelförmigen Brotrest, an dem sie, da er zum Wegschleppen zu schwer war, in meiner Gegenwart heftig zu knabbern und zu nagen begann.

Eines Morgens erwachte ich, erstaunt über die ungewohnte Helligkeit in der Höhle. Es war merkwürdig still draußen im Kar, kein Wasser rauschte, kein Lüftchen fächelte – Schnee war gefallen; der ganze Bergkessel mitsamt meiner Höhle lag tief verschneit.

Ich war barfuß in der Höhle, hatte meine Schuhe unten im letzten Wirtshaus des Tales gelassen, und meine Vorräte waren sehr gering, da ich mich ohnehin in ein paar Tagen von einem wilden Bergeinsiedler wieder in einen zivilisierten Bewohner einer Dreizimmerwohnung zu verwandeln gedachte. Aber um diese Zeit mußte der Schnee, wenn es auch sehr viel war, bald wieder weggehen.

Er ging nicht weg. Ich aß mein letztes Brot, ich kochte meinen letzten Knödel, dann aß ich eine Zeitlang nichts. Nur meine Maus merkte nichts von der hereinbrechenden Hungersnot; sie knabberte seit Tagen an dem großen Brotrest und hatte augenscheinlich keinerlei Sorgen. Ich aber hatte welche, vor allem hatte ich Hunger, der durch die frische Schneeluft, von der die ganze Höhle erfüllt war, nur noch größer wurde. Lange überlegte ich. Es war nicht anständig, jemandem wegzunehmen, was man ihm zuvor geschenkt hatte. Aber es kam unausweichlich der Augenblick, da ich meiner Maus das Brot wegschnappte und es selber aß. Am selben Tag verschwand sie auf Nimmerwiedersehen.

Nicht nur mehr oder weniger selbstgewählte Höhleneinsamkeit schafft Schicksale und züchtet Originale. Zwölf Jahre Studium, lateinisch, griechisch, hebräisch, und dann hinein ins Gebirge, in einen kleinen Pfarrhof zu armen Bergbauern, und das oft für Jahre: Wer das bedenkt, der begreift, daß ein Hochgebirgspfarrer es oft noch viel schwerer hat als sein Schicksalsgenosse, der Hochgebirgslehrer.

Der erste geistliche Herr, den ich bei meinem Dienstantritt in St. Nikolai antraf, war ein mäßig begabter, aber gläubiger und gewissenhafter Gottesmann. Er war glücklich, sooft ich in den eine gute halbe Stunde vom Schulhaus gelegenen Pfarrhof kam und ihm Gesellschaft leistete. Dabei klagte er häufig darüber, sich das Zigarettenrauchen nicht mehr abgewöhnen zu können. Ich wolle ihm dabei helfen, sagte ich eines Sonntags, langte nach der auf dem Tisch liegenden Schachtel und steckte sie in die Tasche. Er griff erschreckt danach, beherrschte sich aber schnell und gelobte für die kommende Woche Enthaltsamkeit. Am Sonntag darauf empfing er mich verlegen und bedrückt, um bei mir alsdann die „Beichte" abzulegen: Er hatte in der vergangenen Woche sämtliche Mistkübel und Kehrichthäufchen im Haus durchstöbert nach noch so kleinen Zigarettenrestchen – und diese dann in tiefer Scham geraucht.

Nach vier Jahren bat der von der Einsamkeit des Bergdorfes und auch seines Standes zermürbte Mann eindringlich um seine Versetzung. Die Gemeinde war nun lange Zeit ohne Pfarrer, und nur an hohen Festtagen wurde eine Aushilfe in das abgelegene Dörfchen geschickt. So kam einmal zu Weihnachten auch ein Kapuzinerpater. Er klopfte an meiner Tür, um sich seinen langen, auf der mehrstündigen Wanderung durch bittere Winterkälte vereisten Vollbart aufzutauen und sich ein wenig zu wärmen. Er war kein gelehrter Theologe, aber ein tapferer Landsknecht Christi, mit dem es erfrischend war, sich eine Stunde lang über Gott und die Welt zu unterhalten. Lange sah ich ihm nach, als er tiefer ins Tal hineinwanderte.
Ich sah ihn dabei zum letzten Mal. Er war in das verlassene, von der Winterkälte gänzlich ausgefrorene Pfarrhaus eingezogen, hatte sich in dem eisigen Gemäuer schwer erkältet und war am dritten Tag gestorben. Ich holte mir den Schlüssel beim Wirt und ging ins Pfarrhaus. Da lag er, ganz allein auf ein paar mit einem Leintuch überdeckten Schragen, steifgefroren,

denn niemand hatte es für nötig befunden, dem toten Kapuziner einzuheizen. Die schneeglitzernden Berge blickten zu den blanken kleinen Fenstern herein auf den Toten, der hier in diesem Bergwinkel zur Weihnachtszeit ein so schnelles Ende gefunden hatte.

An einem schönen Frühlingsnachmittag stand ich am Brunnen vor dem Schulhaus und sah verdutzt eine ganz ungewöhnliche Gestalt das Tal hereinwandern: ein Geistlicher im schwarzen Habit der Jesuiten. Am Ende, oder vielmehr sicher der neue Herr Pfarrer! Ein großes Ereignis. Der mittelgroße Mann mit breitem Gesicht, scharf beobachtenden Augen und einem leise überlegenen Lächeln um die Mundwinkel begrüßte mich mit meinem offiziellen Amtstitel: Herr Schulleiter. Der war nun voraussichtlich für lange Zeit für mich die wichtigste Person – denn der Pfarrer und der Lehrer sind aufeinander angewiesen und haben als Ortsfremde und „Studierte" ein in vielem gemeinsames Schicksal.
Ich lud ihn ein, sich bei mir etwas auszuruhen. Er nahm an, setzte sich aber nicht gleich, sondern drehte sich fast die Augen aus dem Kopf, um etwas von den Titeln meiner vielen Bücher erspähen zu können. In meiner Bibliothek gab es stets ein buntes Gemisch auch durchaus unfrommer, vor allem unkirchlicher Literatur. In friedlichem Durcheinander stand da Jakob Böhme neben Ernst Haeckel und vielerlei ähnlichem Greuel für orthodoxe Gemüter. Bald wagte der Jesuit den ersten Vorstoß: „Ich habe gehört, Sie trinken keinen Alkohol, Herr Schulleiter; aber in Ihrer Bibliothek – da gibt es viel Alkohol!"
Diese Rede des neuen Pfarrers war eine Kriegserklärung. Einem lieben, gütigen alten Herrn hätte ich zweifellos allerhand Konzessionen gemacht; aber die hochmütige kriegerische Art des neuen Seelenhirten reizte mich, und es gab bald eine Vielzahl von Reibungspunkten: Seine Seelsorgstätigkeit, seine Predigten, die ganze Art seines Auftretens paßte nicht in

diese Umgebung, er fragte die Kinder nach schier allem aus und hatte sich bald einen ganzen Kataster angelegt über jeden der zweihundert Pfarrangehörigen, wobei privateste Dinge und vor allem die zahlreichen unehelichen Kinder die Hauptrolle spielten. Nicht lange, und es gab zwischen ihm und mir offenen Krieg, bis wir einander nur noch mit einem stummen Kopfnicken grüßten.

Aber wir konnten aufeinander nicht verzichten, denn fast jeden Tag hatte er meine Schulkinder zum Religionsunterricht. Ich hatte dem Jesuiten schon lange allerhand Ärger bereitet. So stand, wenn er in die Schulstube kam, auf der großen Tafel irgendein Spruch als Übungssatz für Rechtschreiben, den ich mit Bedacht und Bosheit für den Herrn Pfarrer ausgesucht hatte – und er durfte die Tafelschrift, die sich die ganze Stunde über ihn lustig machte, nicht auslöschen.

An die schön und gleichmäßig angelaufenen Fensterscheiben hatte ich eines Morgens, ohne mir viel dabei zu denken, den lateinischen Spruch geschrieben: „Mundus vult decipi, ergo decipiatur" (Die Welt will betrogen sein, also werde sie betrogen). Die Stunde danach war Religionsstunde. Als ich wieder in die Klasse kam, zeigten sofort etliche Kinder auf: „Bitt Herr Lehrer, der Herr Pfarrer hat dort was hingeschrieben!" Da standen unter meinem Fensterscheibenspruch dick und fest zwei Worte: „Principium diabolorum!" (Ein Grundsatz der Teufel). Es verstand sich von selbst, daß sich nun eine lebhafte Fensterscheibenkorrespondenz entwickelte, bei der jeder der Gegner möglichst viel Gift und Galle in Bewegung setzte. Und sogar den dienstlichen Verkehr zwischen Schulleitung und Pfarramt erledigten wir nun auf diesem Wege. Aber es kam das Frühjahr und mit ihm das Ende der angelaufenen Fensterscheiben. Ein neues „Verkehrsmittel" mußte gefunden werden.

Der Jesuitenpfarrer war ein gebildeter und vielbelesener Mann. Aber er hatte keine eigenen Bücher. Ich hatte sehr viele, und so ließ ich solche, von denen ich wußte, daß sie ihn lebhaft interessieren mußten, zufällig auf dem Katheder liegen. Ich merkte immer, daß er sie eifrig durchgeblättert hatte. Schließlich hielt er es nicht mehr aus, und er bat mich knapp und knurrig, ihm eines zu leihen. Damit war der Bann gebrochen; wir redeten, das heißt wir stritten nun miteinander, und jedesmal nach dem Nachmittagsunterricht klopfte er an meine Tür, und wir bearbeiteten einander ohne die geringste Freundlichkeit.

Unterdessen kam ein Winter, wie er auch in dieser Gegend selten war. Endlose wilde Schneestürme tobten, meterhohe Schneewehen überdeckten Straßen und Zäune, aller Verkehr hörte nahezu auf, und am Sonntag saßen oft nur ein paar alte Leutchen, die gleich neben der Kirche wohnten, in den Bänken. Der Pfarrer hielt seine obligate Sonntagspredigt vor nicht mehr als einem halben Dutzend Zuhörer. Und vor mir. Ein paarmal wäre ich beinahe umgekommen im Kampf mit dem Schneesturm, aber jeden Sonntag in diesem Schneewinter saß ich in der Kirche, in bequemer Blickrichtung unter der Kanzel – denn der Pfarrer predigte für mich. Die paar Zuhörer außer mir konnten unmöglich auch nur einen Satz dieser ausgefeilten Kanzelrede verstehen und wunderten sich wohl oft, weshalb der Herr Pfarrer sich gar so ins Zeug legte, wenn ohnehin fast niemand da war. Draußen heulte der Schneesturm um die Kirchenecken, drinnen predigte der flammende Geistliche einem aufsässigen und verstockten Lehrer; er genoß es, daß der da unten ganz brav und still dasitzen mußte, ohne ein Wörtchen erwidern zu können. Räuspern und Husten an besonderen Kraftstellen der Jesuitenpredigt war meine einzige Verteidigungsmöglichkeit. Anderthalb Jahre, die letzte Zeit meines Aufenthaltes in St. Nikolai, waren bestimmt von diesem unentscheidbaren Kampf zwischen Seelenhirten und Schulleiter – dann zog ich hinaus aus dem Tal, einer neuen Lehrstelle und damit einer neuen Zukunft entgegen.

Etliche Jahre war ich Lehrer gewesen in den steirischen Bergen; nun kamen die Schulferien heran und ich freute mich, wieder einmal den Vater sehen zu können und das Vaterhaus. Nach langer Zugfahrt stieg ich am Bahnhof im Städtchen Ried aus und wanderte an diesem schönen warmen Sommerabend heimwärts, meinen alten Schulweg entlang, auf dem jedes Stückchen voll war von Erwartungen, wo jeder Baum und Strauch mich grüßte.

Der große alte Bauernhof, in dem ich geboren wurde, war durch die leichtfertige Wirtschaftsführung des früheren Besitzers schwer zu Schaden gekommen, Haus und Nebengebäude in schlechtem Zustand und nach dem Verkauf vieler Äcker und Wiesen größer als nötig. Es gab stets am Haus zu bessern und zu flicken, und mein Vater, dem keine Arbeit fremd und zu mühsam war, bastelte an den weitläufigen Gebäuden, wo er nur konnte. Vor allem die Dächer brauchten immer wieder Reparaturen, aber auch der Fußboden in der Wohnstube war schief, so daß sich meine verlorenen Murmeln immer wieder in einer Ecke zusammenfanden. Alles war alt, aber voll von der Stimmung vergangener Zeiten und Geschlechter. Ich liebte jeden alten Balken, jedes Brett und jeden Winkel vom Dach bis in den Keller, und so beschleunigten sich meine Schritte nun wie von selbst, als ich nach langer Abwesenheit mein Vaterhaus von ferne unter den Obstbäumen hervorschauen sah.
Eilig stieg ich den Hügelhang hinauf, auf dem es stand. Die warme Abendröte beschien einige Bänke vor dem Haus und Menschen, die daran hantierten. Ich kam näher. Ich kannte die Bänke, aber ich kannte nicht den Mann und nicht die Frau, die davorstanden und mir verwundert entgegensahen. „Ja, wo ist denn der Vater?" fragte ich sie erstaunt. Sie wußten nicht, wen ich meinte, sahen erst einander an und dann mich. Das Haus gehöre ihnen, sagten sie, sie hätten es vor wenigen Monaten gekauft. „Wo ist denn der frühere

Besitzer?" würgte ich mühsam heraus. Der wohne jetzt zwei Stunden weit entfernt in einem neuen Haus, wurde mit beschieden.

Zwei Stunden ging ich in die sinkende Nacht hinein, und so verstört vor Unglück und Entsetzen bin ich wohl niemals sonst gewesen. Alles ausgestandene Elend, alle Hungerjahre in der Stadt wogen nichts, verglichen mit dem Verlust des Vaterhauses.

Den Umzug in das neue Haus hatte die Stiefmutter betrieben. Zwanzig Jahre lebte der Vater noch dort, aber so lange er lebte, durfte man nicht einmal den Namen der alten Heimat erwähnen, und zwanzig Jahre ging er jeden Sonntag und bei jedem Wetter nicht in die nahegelegene Kirche des neuen Wohnorts, sondern stapfte die knapp zwei Stunden zur Kirche der alten Heimat. In einer bitterkalten Winternacht verlor er auf dem Heimweg das Bewußtsein. Man fand ihn am nächsten Morgen erfroren am Wege liegen.

KLEINE STADT
UND GROSSE WELT

Aufs Geratewohl hatte ich um die vielumworbene Lehrerstelle eingereicht, und nun las ich zu meinem höchsten Erstaunen, daß ich sie tatsächlich bekommen hatte. Am ersten Tag nach Ostern sollte ich den Dienst antreten.

Der neue Dienstort war, verglichen mit dem Bergwinkel, in dem ich nun sechs endlose Winter und fünf kurze, rauhe Sommer zugebracht hatte, ein geradezu fürstlicher Tausch: Er hatte eine vierklassige Volksschule, und er lag an der Bahn! Also keine Wanderungen mehr vier Stunden lang bis hinein, wo sich Fuchs und Hase gute Nacht sagen.

Neumarkt in der Steiermark übertraf alle meine Vorstellungen und Erwartungen. Ein großer, breiter Hauptplatz war da mit einer Allee und einem Springbrunnen; eine sehr schöne, neue Schule mit vier großen, freundlichen Klassenzimmern; und die Berge, die mir in St. Nikolai zum Fenster hereinzufallen drohten, standen hier weit auseinandergerückt und machten einem hellen, weiten Himmel Platz. Ein Großstädter wäre vielleicht verzweifelt über diese Mischung aus Dorf und Städtchen; ich aber war beglückt und begeistert. Ich suchte und fand bald eine nette und geräumige Wohnung, und der freundliche alte Oberlehrer, dem man ansah, daß er einen guten Trunk nicht verschmähte, lud mich sofort ein, am Stammtisch der örtlichen Honoratioren Platz zu nehmen.

Dort wurde ich aufs allerherzlichste empfangen, so als ob ihnen ein Gefallen geschähe und nicht mir. Rasch wurde es sehr gemütlich, da ich, auch ohne ein großer Trinkbruder zu sein, als gesprächiger und lustiger Gesellschafter mich stets schnell warmlief. Punkt acht Uhr nahm man mich mit in den angrenzenden Saal, wo sich alles um Musikinstrumente und Notenpulte gruppierte, auf den Tischen lagen Notenblätter und dicke Liederbücher.

Schließlich erhob auch einer Glas und Stimme und richtete an mich eine feierliche Ansprache, in der er die große Freude aller zum Ausdruck brachte, daß sie nun endlich einen Mann hätten, dem der Ruf eines vortrefflichen und kenntnisreichen Musikers vorauseilte. Gerade einen solchen brauchten sie lang schon dringend für Gesangs- und Musikverein und schätzten sich glücklich, ihn nun endlich bei sich zu haben.

Ich verstand von all dem kein Wort und hielt das Ganze für einen Spaß, denn auch wenn ich über verschiedene Begabungen und Fähigkeiten verfügen mag – die Musik zählt nun ganz gewiß nicht dazu, nie hatte ich ein Instrument gespielt, und mein Gesang bewegte sich knapp an der Grenze des Zumutbaren. Als ich aber merkte, daß es meinen neuen Freunden durchaus ernst war und mich alle erwartungsvoll anblickten, da rang ich entsetzt nach Worten, um ihnen meine vollständige Unbrauchbarkeit in musikalischen Belangen klarzumachen. Das hielten nun sie wieder für einen gelungenen Scherz des lustigen neuen Chormeisters, und es dauerte lang, bis ich sie von der traurigen Wahrheit überzeugt hatte.

Und nach und nach kam des Rätsels Lösung ans Licht. In jenen Tagen war bei allen halbwegs belesenen Leuten der russische Dichter Tolstoi sehr im Gespräch, im besonderen sein Werk „Die Kreutzersonate", in dem es allerdings so gut wie gar nicht um Musik geht. Als aber der Schulbehörde mein Stellengesuch vorlag, rief dort sofort einer: „Das ist unser Mann! Vorigen Sommer nämlich saß ich in einem Gastgarten neben einem Lehrer dieses Namens, der sich mit einem anderen wenigstens eine Stunde lang über anscheinend schwierige musikalische Probleme den Kopf heißredete; ich verstand nur soviel, daß die ganze Debatte um die Kreutzersonate ging – und wir brauchen dringend einen Musiker als Lehrer, der auch theoretisch gebildet ist!"

Und so verdanke ich meine schönste Lehrstelle Tolstoi und der Kreutzersonate.

Das Gerücht um meine angebliche musikalische Genialität sollte aber nicht die einzige Fehleinschätzung bleiben, die zu entsprechenden falschen Erwartungen der hoffnungsfrohen Bevölkerung an mich führte. „Wir kriegen jetzt einen Lehrer, der ist ein wilder Sportsmann, ein Kletterer und Höhlenforscher, und was der sonst noch alles kann!"
Ich kann allerhand Dinge ganz oder halb oder auch gar nicht. Gar nicht kann ich das Schwimmen. Denn in der Gegend meiner Heimat gibt es nur seichte Bäche, für die Schwimmschule im Städtchen hatte ich kein Geld, kein Interesse und keine Badehose, und in der Studentenzeit ging ich ins billige Brausebad. Also hatte ich keine Ahnung vom Schwimmen, aber das wußte niemand, und niemand hätte es mir geglaubt.
Neumarkt aber hatte eine Schwimmschule, die war herrlich am Waldrand gelegen, und an schönen Tagen erfüllt von einem fröhlichen Getümmel, das auch für Nichtschwimmer vergnüglich anzuschauen war. Wie Fische im Wasser plätscherte da alles voll Heiterkeit und Frohsinn, und das Schwimmen schien geradezu das Selbstverständlichste zu sein; ja, selbst kleine Schulbuben, die noch rein gar nichts können – schwimmen können sie. Und der Herr Lehrer kann es nicht, er muß am Rand stehen und zuschauen!
Mit einemmal ergrimmte mich dieser Schandfleck in meinem Dasein derart, daß ich mir kurzerhand befahl, ich hätte jetzt zu schwimmen. Sofort. Ich nahm eine Kabine, zog mich um, erschien alsbald wieder und sprang an einer Stelle, die mir tief genug erschien, mit Todesverachtung ins Wasser. Im selben Moment spüre ich, wie mir die Brille heftig verrutscht; ich greife nach der Brille, verliere dadurch die Balance dieses ersten Schwimmversuchs, gerate mit dem Kopf ausgiebig unter Wasser und folglich in bedrohliche Atemnot.

Was sich mittlerweile am Ufer abgespielt hat, davon habe ich im Augenblick keine Ahnung: Gedankenvoll und zuletzt mit entschlossenem Gesicht hatte man den neuen Lehrer zuerst am Ufer stehen gesehen. Dann war er plötzlich, und gar nicht wie ein richtiger Schwimmer, ins Wasser gesprungen und sofort darin verschwunden. Alles im Wasser rettet sich augenblicklich ans Ufer, um dem Schauspiel zuzuschauen; denn der Lehrer ist, so geht die Kunde, ein fabelhafter Taucher, der die Schwimmer unter Wasser an den Beinen packt! Nein, nein, er hat ganz anderes vor, etwas sehr Lustiges: Er ahmt einen Ertrinkenden nach! Zwar rennt der Bademeister mit einer Rettungsstange herbei, aber die wird ihm aus der Hand gerissen: „Das ist doch der neue Lehrer, der macht doch nur Spaß!"

Ich „spiele" in der Tat unheimlich täuschend; manches Mal winkt nur noch meine Hand aus dem Wasser, und schallendes Gelächter begleitet meine verzweifelten Versuche, weiterzuleben. Bei diesem Kampf auf Leben und Tod ist es purer Zufall, daß ich schließlich, nach endlos langem, wildem Rudern auf eine seichte Stelle treffe und plötzlich wieder Boden unter den Füßen spüre. Erschöpft und schweigend stieg ich – unter dem Applaus der Umstehenden – aus dem feindlichen Element, zog mich an und verschwand eilends.

Ich hatte es zwar fast geschafft, mich selber umzubringen. Aber es gelang mir trotzdem nicht, meinem unbegründeten Ruhm den Garaus zu machen. Auf die Idee, daß ich nicht schwimmen könnte, war einfach niemand gekommen, und alle hielten meinen Todeskampf für ein gelungenes Schauspiel und einen bewundernswerten sportlichen Spaß.

Um den Schwierigkeiten, in die ich durch die mir angedichteten Fähigkeiten – oder besser deren Fehlen – geraten war, in Hinkunft zu entgehen, und auch um die braven Bürger von Neumarkt für die Enttäuschung über den unmusikalischen Lehrer ein bißchen zu entschädigen, wollte ich mich nun auf die Dinge besinnen, die ich tatsächlich konnte. Dazu gehörte der Umgang mit der Literatur, und so gründete ich einen Theaterverein.

Zu meiner neuen Wohnung gehörte ein großes, ungewöhnlich langgestrecktes Zimmer, an dessen Schmalseite, der Tür am weitesten entfernt, mein Schreibtisch stand. Überall gab es reichlich Sitzgelegenheiten. Nun machte ich es zur Einrichtung, daß jeden Mittwoch abend jeder, der es wollte, in meine Wohnung in ebendiesen Raum kommen konnte. War er nicht gerade der erste Gast, so brauchte er mich gar nicht zu begrüßen, sondern konnte im Zimmer, in dem nur der Schreibtisch beleuchtet war, kaum gesehen und oft unerkannt Platz nehmen, während ich vorn am Schreibtisch etwas vorlas, erzählte oder mit gesprächswilligen Besuchern ein bestimmtes Thema debattierte.

Meine Mittwochabende wurden bald zur sehr beliebten Institution. Man konnte kommen und gehen, ohne gesehen zu werden, konnte mitreden oder still zuhören, und so entstand ganz von selbst eine bunte Auslese interessierter Mitbürger; aus ihnen erwuchs eine zunächst noch recht kleine Theatertruppe, deren Antrieb und Verlangen, selbst auf der Bühne zu wirken, durch einen Verlegenheitseinfall von mir noch kräftig gesteigert wurde.

Aus Anlaß einer geplanten Friedrich-Schiller-Feier war man nämlich zu mir gekommen um Rat, wie man diese würdig gestalten konnte, und dachte dabei an einen Vortrag. Nun sollte das Ereignis aber im großen Saal des Gasthofes stattfinden, wo es zwar eine Art Bühne, ein Podium und einen Vorhang gab, aber keine Sesselreihen, sondern nur Tische, an denen die Leute wie jeden Abend des Jahres ihr Bier trinken und mit Schweinsbraten und Knödeln ihren Hunger stillen würden – recht profan als Rahmen also, und meilenweit entfernt von jedem klassischen Dichter. Sollte ich da eine von Schillers großen Balladen in den tellerklappernden Saal hinein deklamieren?

Da kam mir ein Einfall, der mir nicht übel schien. Ich besprach ihn mit nur den allernötigsten Leuten, denn der Überraschungseffekt war ein sehr wichtiges Element in meinem Plan, und ließ alsdann die Zeit vergehen. Das Programm des Abends, das in der Hauptsache aus Darbietungen des Männergesangsvereins und aus Biertrinken bestand, war längst vorüber, es wurde elf Uhr nachts, und langsam ging es gegen Mitternacht. Der Saal war voll von Rauch und Gesprächslärm, kein Mensch dachte mehr an Friedrich Schiller, und manche, die von einem Vortrag hatten munkeln hören, mochten wohl froh sein, daß dieser Kelch an ihnen vorübergegangen war.

Plötzlich verlöschen alle Lichter im Saal, aus dessen dunklem Hintergrund im gleichen Augenblick zwölf wuchtige, metallische Schläge erdröhnen. Der bisher unbeachtet gebliebene Vorhang geht auf, alle Gespräche verstummen mit einemmal, und alles blickt gespannt zur Bühne, die langsam vor dem völligen Dunkel des Saales auftaucht. Viel ist auf ihr nicht zu sehen; eine einzige Kerze brennt und wirft ihr unruhiges Licht auf einen am Tisch sitzenden Mann in Hemdsärmeln, mit zerwühltem Haar und wildem Blick. Er führt verzweifelte und wilde Reden, und sooft er sich mit geballten Fäusten an den Kopf greift, malt das zuckende Flackerlicht der Kerze abenteuerliche Schatten an die leere Wand im Hintergrund. Der gequälte Mensch, der da oben vor peinigenden Gewissensbissen keinen Schlaf finden kann, hat seinen eigenen Vater im Hungerturm verschmachten lassen und schildert nun, von vielen verzweifelten Pausen unterbrochen, seinen Schreckenstraum vom Jüngsten Tag und dem Letzten Gericht, das schrecklich für ihn endete.

Totenstill war es im Saal geworden, kein Teller klappert, kein Messer klirrt, alles starrt gebannt auf die Bühne, auf den Spuk, der aber gar nicht lange währt; der Verzweifelte dort oben schreit ein letztes Mal wild auf, lange Schatten fahren noch einmal die Wand

98

hoch, dann senkt sich der Vorhang so überraschend, wie er sich geöffnet hat, und wie ein Blitzstrahl gleißt das grelle Deckenlicht im Saal wieder auf die wie versteinert dasitzende, halb angetrunkene Zuhörerschar.

Nur kleinster Aufwand hatte für die große Wirkung genügt: Das Verlöschen des Lichts, die Schläge auf den Kochtopfdeckel und das Öffnen und Schließen des Vorhangs mußte sekundengenau funktionieren, war aber auch schon alles an Regie. Die Stellung der Kerze war von Wichtigkeit für den beängstigenden Schattenwurf, und noch nicht einmal den Text konnte ich sicher auswendig: während ich voll Verzweiflung über den Vatermord auf den Tisch starrte, konnte ich bequem im Textbuch nachlesen, wie es weiterging. Kostüm und Maske schließlich bestanden im Ablegen von Rock und Weste und in einer ungekämmten Haarwildnis.

Die Bürger von Neumarkt hatten vom Geiste eines großen Dichters und von den Möglichkeiten des Theaters einen Hauch verspürt. Meine Mittwochgesellschaft geriet ins Theaterfieber, Vereine stellten sich zur Verfügung, der Wirt sah völlig neue Möglichkeiten vor sich, und alles wartete mit wohlwollender Spannung auf die Geburtsstunde des örtlichen Theaterlebens.

Vielerlei wäre zu erzählen vom Theaterspielen, das nun für mehrere Jahre die Bewohner von Neumarkt wie eine ansteckende Krankheit beherrschte. Es muß ein Urtrieb im Menschen sein, ansonsten es gänzlich unerklärlich wäre, mit welchem Eifer, ja geradezu welcher Gier sich manche zum Theaterspielen drängten.

Meine „Truppe" umfaßte in ihrer besten Zeit über dreißig aktive Mitglieder, und es galt als Vorzug und eine große Ehre, dem Theaterverein anzugehören. Biedere alte Handwerker hatten nicht selten auf ihrem Arbeitstisch das Rollenbuch liegen, und es kam kaum vor, daß einer eine Probe versäumte.

Das „Ensemble" teilte ich nach Können und Neigung in zwei Gruppen, die recht verschiedenen Aufgaben nachkamen. Denn um alle meine Leute zu beschäftigen, aber auch um die ganze Bevölkerung ins Theater zu bringen, spielten wir zweierlei Gattungen von Stücken: ganz ernste und ganz lustige. Zu den ersteren gehörte Schönherrs „Erde" oder Goethes „Faust", zu den anderen der „Amerikaseppl" und ähnliche Jux- und Gaudiliteratur. War ein heiteres Stück dennoch literarisch zu anspruchsvoll, so mußte eine handfeste Regie für Allgemeinverständlichkeit sorgen. So wurde etwa in einem dieser Stücke an einem Haus gleich auf drei Seiten zugleich gefensterlt. Viel Mühe hatten wir uns gegeben, eine Hauskulisse zu basteln, die das Gewicht dreier Leitern samt zugehöriger Verliebter zu tragen imstande war. Als die im Stück vorgesehene Schlußrauferei sich plötzlich verselbständigte, hinderte nur der eilig heruntergelassene Vorhang das wankende Haus, samt Leitern und Liebhabern über den Souffleurkasten hinaus auf unsere sich schon ängstlich duckende Musikkapelle zu stürzen.

Bei einem Stück von ähnlichem Anspruchsniveau gab es eine Hochzeitsfeier mit Tanz, Gesang und Festessen. Ich dichtete dafür aktuelle und beziehungsreiche Gstanzeln und ließ eine mit Krapfen randvolle Riesenschüssel auftragen. Gegen Entrichtung eines Guldens durfte jeder von hinten auf die Bühne kommen, dort einen Krapfen verzehren und als Statist die Hochzeitsmahlszene mitgestalten. Und auch dem Souffler – das war ich, denn ich leitete jede Vorstellung vom Souffleurkasten aus – wurde unter dem jubelnden Beifall der Zuschauer sein Krapfen hinuntergereicht. Zuweilen spielte ein ganzer Teil des Publikums begeistert mit, und Theater und Wirklichkeit waren öfters nicht genau zu trennen.

Es versteht sich, daß es bei so vorurteilsloser Regie niemals etwas anderes gab als ein ausverkauftes Haus und eine Reihe von Wiederholungen. Dadurch waren aber auch unsere ernsten Stücke bis auf den letzten Platz besucht; denn nachdem das Vertrauen erst einmal da war, lauschten dieselben Leute, die bei irgendeiner Wildererposse gröhlten und johlten, still und andächtig bei Schönherrs „Erde" und folgten in ebenso ergriffenem Schweigen einer Aufführung unseres literarischen Glanz- und Paradestückes, dem „Faust" von Goethe.

Es war begreiflicherweise nicht der ganze Faust, aber es war doch sein dramatisches Kernstück, die Gretchentragödie. Die Tochter des Arztes spielte das Gretchen – sie war selber eins. Den Faust gab mit mehr Eifer als mimischem Können ein vollbärtiger Bildschnitzer, die Marthe eine ältliche Handarbeitslehrerin. Ich selber übernahm den Mephisto, den Valentin sollte bei der ersten Aufführung der Sohn des Apothekers spielen. Aber etliche Tage vor der Premiere gab es einen Todesfall in der Familie des Valentin, und ich mußte einen neuen ausfindig machen. Valentin muß tapfer fechten und dann schön sterben können. Ein behäbiger Kollege mit einer angehenden Falstaffigur meldete sich. Er focht tapfer, aber es war unmöglich, ihm ein tragisches Sterben beizubringen. Ein Schmiedgeselle konnte weder das eine noch das andere, und so nahm ich schließlich einen begeisterten Ladenjüngling, der geradezu flehend gebeten hatte, mitspielen zu dürfen.

Bei den Proben fürchtete er sich nicht vor dem Sterben, das er zuletzt leidlich konnte, aber ich fürchtete mich vor seinem Fechten. Er fuchtelte unberechenbar und lebensgefährlich mit dem langen Degen, und ich mußte ihm schließlich einprägen, er soll nur immer wie ein Holzhacker auf den Holzstock, gleichmäßig von oben her auf mich loshauen. Mit meinem quer über dem Kopf gehaltenen Degen würde ich die Hiebe leicht auffangen. Es sah nicht kunstgerecht aus, aber es gab ein höchst effektvolles Waffengeklirr und bei verdunkeltem Raum äußerst bühnenwirksame Funken.

Der Abend der Erstaufführung kam heran. Der etwas schwerhörige Faust memorierte düster und verschlossen bis zur letzten Minute; das aufgeregte Gretchen ließ sich von Marthe und Lieschen Mut zureden, Valentin lauert längst vor seinem Auftritt hinter der Kulisse. Es beginnt, es geht! Sicheres Zeichen: kein Tellergeklapper, alles hört still und respektvoll zu. Gretchen wird immer besser; sie betet herzzerbrechend zur Madonna.

Kurze Verwandlung. Es ist fast dunkel auf der Bühne. Faust und Mephisto schleichen herbei. Faust ist poetisch gestimmt, Mephisto hetzt ihn auf und schaut dabei in die Kulisse. Valentin stürzt heraus. Was er sagt, geht unter im Klirren der langen Eisen. Er hat, scheint es, seine Rolle total vergessen und weiß nur noch, daß er loshauen muß. Viele Zuschauer, die Goethes Faust kaum vom Hörensagen kennen, freuen sich, daß der Teufel jetzt endlich, wie im Kasperltheater, verdientermaßen auf offener Bühne erschlagen wird. Und es sieht auch ganz so aus. Schon habe ich einen Streifhieb über den rechten Oberarm und den Handrücken abgekriegt, Valentin haut halb besinnungslos zu und vergißt auf das Hinfallen und das Sterben. „Umfallen! Umfallen!" zische ich ihn an. Endlich begreift er, fällt um, und ich kann, während mir das Blut von der Hand tropft, mit grimmigem Hohn ausrufen: „Nun ist der Lümmel zahm!" Der total erschöpfte Valentin stirbt. Es war eine herrliche, höchst eindrucksvolle Szene.

Als der Vorhang zum letztenmal fällt, ist es eine ganze Weile völlig still im Saal. Erst dann gibt es Beifall, vor dem wir uns alle verbeugen. Gretchen hat noch nasse Augen und ist in Ketten, und der vom Grimm Valentins mühsam gerettete Teufel dankt durch eine etwas lahme Gebärde mit seiner dickverbundenen Hand. Das sieht sehr gut aus, und manche Zuschauer sind im Zweifel, ob das von Goethe ist oder von Valentin.

Der Ruf unsere Laienbühne war bald weit ins Land gedrungen. Eines Sonntags nach dem Hochamt meldete sich bei mir eine richtige Abordnung in Gestalt eines frischen, lebhaften Bauernmädels und dreier kraftstrotzender Burschen: Sie möchten auch so gern Theater spielen, sie hätten schon ein Stück gelernt und möchten mich nun sehr bitten – wenn es nicht allzuviel Mühe machte –, doch einmal zu ihnen zu kommen und ihnen zu sagen, was sie gut machten und was nicht.

So wanderte ich den Sonntag darauf anderthalb Stunden bergwärts, um mir die dörfliche Konkurrenz anzuschauen. Freudig und ehrenvoll wurde ich empfangen, ängstlich und besorgt zeigte man mir die „Bühne": Über Bierfässer waren lange Bretter gelegt, an einer Schnur hingen vier zusammengenähte Leintücher – das war die Bühne, der Vorhang und das gesamte Inventar. Das Stück, ein farb- und talentloses Volksschauspiel aus – zu Recht – unbekannter Hand, hatten sie schon fleißig gelernt und spielten es mir nun vor. Es war mäßig, aber es war Theater; und Theaterspielen wollten sie. Ich besserte, was an dem Stück zu bessern war. So sah ich mich unter anderem genötigt, der Hauptdarstellerin klarzumachen, man könne nicht sagen: „Jetzt kommt der nächste Liebesakt", sondern die nächste Liebesszene, worauf sie sich redlich mühte, sich das Wort Szene anzueignen. Das Stück dauerte mit allen Pausen knapp eine Stunde, und ich meinte daher am Schluß, das wäre doch etwas sehr kurz.

Wieder am nächsten Sonntag war Aufführung. Alles war da, der niedrige Raum bis in den letzten Winkel angestopft mit neugierigen und erwartungsvollen Bauersleuten. Ich übernahm den Souffleur.

Bald nach Beginn des Stückes sitzt der Bauer mit seinen Dienstleuten bei der Morgensuppe. Ist das Essen beendet, legen alle den Löffel weg und warten auf die Anordnungen des Bauern für den Tag. Plötzlich aber entspinnt sich auf der Bühne ein völlig anderes Gespräch, als bei mir im Textbüchl steht. Es ist, als ob man ein Fenster aufgemacht hätte. Ein frischer und höchst lebendiger Dialog beginnt, der Bauer schimpft den Knecht wegen seiner Gefräßigkeit und Faulheit, der setzt sich wortreich zur Wehr, eine Magd mischt sich aufgebracht drein, die Bäuerin sucht verzweifelt zu beschwichtigen, und alles klingt so echt und ist so vorzüglich einstudiert, daß ich verblüfft meinen Text sinken lasse und nur noch zuhöre. Ich zerbreche mir den Kopf, welcher unbekannte, aber höchst begabte Volksdichter meinen Schützlingen diese ganze Szene hinzugedichtet haben könnte.

Als ich zufällig mein Textbuch wieder hob, brachen die Darsteller auf eine sehr natürliche Weise die Gespräche ab und spielten das Stück bis zum Schluß genau nach Buch weiter. Als es aus war, fragten sie mich besorgt, wie mir die Szene nach dem Suppenessen gefallen hätte und waren sehr verwundert, als ich in sie drang, mir zu verraten, von welchem genialen Dichter der Dialog denn stammte. ,,Sie haben uns ja gesagt, das Stück ist zu kurz. Und da haben wir halt so lang was geredet, was uns vorgekommen ist, es könnte dazupassen, bis Sie uns mit dem Büchl gedeutet haben, wir sollen weitermachen!''

Nachdenklich nahm ich Abschied: Die Bauernknechte und Mägde da oben auf der Bierfaßlbretterbühne erfinden sich völlig aus dem Stegreif eine ganze Szene und spielen eine Viertelstunde lang, was sie sich im selben Augenblick gedichtet haben – und wir, die ,,Gebildeten'', kleben an jedem Wort und wagen höchstens ein paar Sätze zu extemporieren. Die Kinder können so etwas noch, und das Volk. Aber wenn die Kinder einmal größer geworden sind und das Volk ,,gebildeter'' – dann ist es aus, dann versiegt dieser tiefe Brunnen, und wir verfallen den Büchern und der Zeitung.

Diese noch ungebrochene Vermischung von Phantasie und Wirklichkeit zeigt sich bei den Kindern kaum anderswo so deutlich wie in ihrem lebhaften Krampusglauben. Entdecken sie die Schreckensfigur etwa in einer Geschäftsauslage, so halten die Kleinen ängstlich unsere Hand, wenn wir mit ihnen davorstehen, und erwägen, ob wir wohl stark genug sind, sie vor dem Grimm des Bösen zu schützen, der da mit schwarzen Hörnern und roter Zunge hinter dem Fenster steht. Das Auge des Kindes sieht dort, wo wir nur einen Fleck roten Flanells entdecken, eine lebendige Teufelszunge; es sieht das, was es glaubt. Da helfen auch sogenannte Tatsachen nichts.

Einmal hatten meine eigenen Kinder beobachtet, wie sich der Hausbesorger mit Pelz und Hörnern als Krampus kostümierte, und teilten nun eifrig dem Jüngsten mit, einen Krampus gebe es gar nicht, das sei nur der Hausbesorger. Die Sache stand hoffnungslos für den Krampusglauben; aber der Jüngste wehrte sich tapfer. Daß der Hausbesorger im Krampusfell steckte, war zwar nicht zu bestreiten – aber er mußte doch zuerst draußen im Wald einen Krampus geschossen haben, um an Fell und Hörner heranzukommen, gab sich der Kleine unerschütterlich.

Dieser Glaube an die Wirklichkeit von Märchenwelt, Krampus und Hexen, Zauberern und Prinzen fristet auch noch in den unteren Schulklassen ein, allerdings immer mehr entschwindendes, Dasein; in den Oberklassen hat längst schon die Aufklärung gesiegt.

So war es auch in meiner Klasse, als am Nikolaustag unten im Erdgeschoß Kettengerassel ertönte. Meine Vierzehnjährigen lachten nur über den Spuk und über die furchtsamen Kleinen und kamen sich sehr aufgeklärt und überlegen vor. Da reizte es mich sehr, ihnen eine Lektion zu erteilen. Mein Sinn für Theaterregie kam mir dabei zugute.

Es gab im Ort einen baumlangen Bäckergesellen, der in einem großen Buckelkorb das Brot austrug. Den praktizierte ich während des Unterrichts in das neben meiner Klasse gelegene Zimmer und stattete ihn mit der üblichen Krampusausrüstung aus: schwarzer Schafspelz, Teufelsmaske, eine Kappe mit langen Ziegenbockhörnern und an den Füßen Filzschuhe, die den Tritt unhörbar machten. Der lange Kerl sah in dieser Aufmachung recht wüst aus.

Die Tür zu meinem Klassenzimmer lag an dessen Rückseite; wer dort leise eintrat, wurde zunächst nicht bemerkt. Ich gab den Kindern eine Rechenaufgabe mit Aussicht auf Belohnung für den, der zuerst damit fertig würde. Die Köpfe senkten sich, und alles rechnete eifrigst drauflos. Währenddessen hielt sich der Böse genau nach meinen Anweisungen: Ich ließ ihn leise zur Tür herein, unhörbar schlich er auf seinen Filzschuhen die eifrig rechnenden Bankreihen entlang bis zum Katheder, stellte sich dort auf die Stufen und blieb lautlos und unbeweglich in seiner ganzen Länge vor der Klasse stehen. Ich selbst zog mich in den Hintergrund zurück und wartete.

Eine ganze Weile nahm niemand der emsig rechnenden Gesellschaft Notiz vom eingedrungenen bösen Feind. Doch plötzlich schrie einer der Buben hell auf, der Schrei riß alle Köpfe hoch – und nun starrte die ganze Klasse in die Fratze des völlig unerwarteten Leibhaftigen!

Wäre es ein kettenrasselnder, wild herumhopsender Teufel gewesen, hätten wahrscheinlich alle gelacht. So aber erregte das bewegungslose und stumme schwarze Gespenst, das da in übermenschlicher Größe anstatt des Lehrers neben dem Katheder stand, ein solches Entsetzen, daß die ganze Klasse aufschrie in panischer Angst.

Ich stürzte nach vorn und trieb den langen Höllenfürsten, der immer noch stumm blieb, zur Tür hinaus. Aber auch danach war meine ganze aufgeklärte Klasse so verstört von dem ausgestandenen Schrecken, daß niemand Lust verspürte, über den Vorfall eine Debatte mit dem Lehrer zu eröffnen.

Es war aber durchaus keine ausgemachte Sache, daß es stets der Lehrer war, der seinen Schülern einen Streich spielte – im Gegenteil. So hatte ich einmal der Klasse, weil ich mit ihren Leistungen ganz besonders zufrieden war, einen außerplanmäßigen Schulausflug versprochen. Es war ein herrlicher Maitag, und für zwei Uhr nachmittags hatten wir den Gemeindewald als Treffpunkt vereinbart. Pünktlich bin ich dort – aber außer mir sonst kein Mensch, schon gar kein Schulkind; auch auf dem Wiesenweg, der zu den Bäumen heraufführt, ist weit und breit niemand zu entdecken. Nachdenklich stehe ich unter den Bäumen und schaue hinaus, schaue auf die Uhr und wieder hinaus auf den Weg, doch niemand kommt. Ich muß mich wohl um eine ganze Stunde geirrt haben. Tiefes Schweigen herrscht im Wald, nur hie und da fällt feierlich ein Tannenzapfen vor mir oder hinter mir ins Moos, nichts sonst regt sich. Ob ich mich denn gar im Tag geirrt habe? Selbstzweifel nagen an mir umso heftiger, je länger es draußen auf der Straße still bleibt; und still bleibt es auch drinnen im Wald. Nur die Tannenzapfen fallen – und besonders zahlreich fallen sie in meiner Nähe.

Da schaue ich endlich in die Höhe, und schlagartig wird es oben lebendig: da war doch meine ganze Klasse auf die Bäume geklettert, als sie mich von weitem kommen sahen, und hatten mäuschenstill oben gewartet, wie lange es wohl dauern würde, bis dem Herrn Lehrer die fallenden Zapfen verdächtig werden.

Aber auch sehr liebenswerte, ja rührende Überraschungsideen setzen meine halbwüchsigen Plagegeister zuweilen in die Tat um.

In katholischen Landen wird zumeist der Namenstag gefeiert und nicht der Geburtstag, weshalb es auch an meinem Namenstag geschah, daß mir etliche Buben den Eintritt in meine Klasse verwehrten – offenbar haben sie irgendwelche Vorbereitungen getroffen und waren damit noch nicht ganz zu Ende gekommen. Der Wächter an der Tür späht in das mir verbotene Klassenzimmer und winkt dann meinen Bewachern: Ich darf hinein. Die ganze Klasse steht stramm auf, während ich nach vorne zum Katheder gehe; auf der großen Schultafel haben meine besten Zeichner und Schreiber all ihre Künste erprobt und dafür sogar die sonst nur mir vorbehaltenen bunten Kreiden eingesetzt. Der Katheder verschwindet unter Blumen und selbstgedrehten Kränzlein, inmitten derer ein ausgepolstertes Körbchen verborgen ist. Darin liegt, von einem der Buben beaufsichtigt, ein kleines, tapsiges Kätzchen: Meine Mädchen, die längst wissen, daß auch die scheuesten Katzen vor dem Herrn Lehrer nicht reißaus nehmen, haben es mir geschenkt. Als ich mich zur Klasse wende, um mich für all das zu bedanken, singt die ganze Meute mit Begeisterung: „Hoch soll er leben, hoch soll er leben!"; das Kätzchen miaut dazu, und eine unter den Blumen versteckte Spieluhr klimpert feierlich „Stille Nacht, heilige Nacht".

Vielerlei denken sich die Kinder aus, wenn sie ihren Lehrer mögen. Mustergültig waren sie im Unterricht, kein Wort, das ich sagte, ging verloren. Dafür war ihnen in der Pause außer Mord und Totschlag ungefähr alles erlaubt – was aus dem Klassenzimmer im Nu eine Tobezelle machte, die nur unter Lebensgefahr zu betreten war. Und erschöpft saßen sie nachher in ihren Bänken und waren geradezu froh, nach wildester Balgerei wieder still sitzen zu können.

Dennoch – ein Abgrund trennt die Welt der Großen von der Welt der Kleinen. Nur wer über diesen Abgrund eine Brücke zu bauen versteht, der ist ein Lehrer. In vielen Schulklassen aber ist der Abstand vom Katheder zur ersten Schulbank eine schier unüberwindliche Kluft, über die nur ein beruflicher, ja amtlicher Verkehr zustandekommt. Ich habe stets danach getrachtet, diesen Verkehr nach und nach persönlich zu gestalten, und das von Anfang an, auch und gerade bei den Kleinsten. Die haben ihre liebe Not mit Lesen- und mit Schreibenlernen, es ist ein mühsames Geschäft. Doch wer so weit war, daß er schon etliche wenn auch ungeschickte Sätze zusammenkritzeln konnte, der durfte dem Herrn Lehrer oben auf dem Katheder einen Brief schreiben – und zwar zu jeder Zeit.

Dafür mußten aber zuvor die technischen Möglichkeiten geschaffen werden sowie eine störungsfrei funktionierende Organisation. Das fing schon damit an, daß die Kinder kein Papier hatten. Ich kaufte also Kanzleipapier, faltete und schnitt es so, daß etwa handgroße Zettel entstanden. Ein ganzer Stoß davon lag nun immer an der linken vorderen Ecke meines Katheders.

Von den recht verschieden begabten und in ganz verschiedenem Tempo arbeitenden Kindern sind manche mit ihren Aufgaben längst fertig, während andere noch eifrig darüber sitzen. Gerade die Schnellsten und Begabtesten haben dann nichts mehr zu tun, es entstehen Getuschel und Unruhe unten in den Bänken und in der Folge Ärger oben auf dem Katheder. In solch einem Falle durfte jedes Kind aus der Bank herausgehen und sich einen Zettel holen; einzige Auflage: Es mußte ganz leise geschehen – bei den unförmigen, genagelten Bergschuhen, die viele Kinder an den Füßen trugen, keine ganz leichte Aufgabe. An der linken Ecke meines Schreibtisches wurden so die unbeschriebenen Zettel immer weniger, während der Stoß mit beschriebenen an der rechten Ecke im gleichen Tempo wuchs. Es war ein dauernder, durchaus inoffizieller, aber reger Privatverkehr.

Diese Einrichtung, zunächst nur als Versuch gedacht, hat sich in jeder Beziehung vortrefflich bewährt, der ganze Schulbetrieb erhielt dadurch ein anderes, ein menschlicheres Gesicht. Die kleinen Zettel waren imstand, den Abgrund zu überbrücken, denn sie waren nicht an den „Herrn Lehrer" gerichtet – obwohl diese übliche Anrede auch auf ihnen verwendet wurde –, sondern an mich. Es war erstaunlich, mit welchem Feingefühl die Kinder diesen Unterschied sofort spürten und auch nützten:

Die Klasse arbeitet schon länger an einer schriftlichen Schulaufgabe. Da kommt eines der Mädchen leise heraus, holt sich einen Zettel, schreibt drinnen in der Bank eine Weile und legt ihn mir dann mit einem verstohlenen Lächeln wieder auf den Tisch. Ich lese: „Lieberher lehra ich hab jez imer geschwezd aber duhast mich nicht gehert!" Also ein Privatbrief, der meine absolute Diskretion als selbstverständlich voraussetzt. Es ist doch herrlich, dem Herrn Lehrer auf diese Weise mitteilen zu können, daß er zu wenig aufgepaßt hat.

Ganze Stöße solcher Zettel habe ich mir aufbewahrt; es findet sich darin alles, was Kopf und Herz der Kinder beschäftigt, und sehr vieles, was „nicht in die Schule paßt". Schüchterne Kinder, die sich scheuen, ihr Anliegen vor der ganzen Klasse vorzubringen, wählen diesen Weg; Missetäter legen Geständnisse ab und bitten um Nachlaß oder Milderung der erwarteten Strafe, schreiben aus Spaß „Bittgesuch" darüber und kleben eine alte Stempelmarke drauf. Dinge aus privatestem Familienleben werden arglos dem Zettel anvertraut: „Liber Her Lera, gesdan had meine Muter mit der hausfrau geschdrin (gestritten) dahad die Muter ksagd mir ziagn aus undda had die hausfrau ksagd war enit (ohnehin nicht) schad um soa bagasch."

Auch jede Veränderung an meiner Person, eine neue Hose oder eine andere Krawatte werden beobachtet und auf einlangenden Zetteln kommentiert. Immer wieder wird auch versucht, den Herrn Lehrer zu zeichnen; groteske Karikaturen werden mir überreicht, mit dem Gefühl, mich damit zu erfreuen. Und sogar Heiratsanträge von Siebenjährigen finden sich

110

in meiner Sammlung. Die Kinder genießen es sichtlich, sich auf diese neue Weise ganz ungehemmt mitteilen zu können.

Alles aber wäre mit einem Schlag zu Ende, wäre ich auch nur einmal so töricht, eine „Verletzung des Briefgeheimnisses" zu begehen und vom Inhalt dieser Briefe vor der Klasse Gebrauch zu machen. Ein solcher Vertrauensbruch ließe die Zettel auf meinem Tisch unberührt und leer bleiben. Auch eine Bemängelung der sehr oft haarsträubenden Rechtschreibung hätte dieselben Folgen: Die Rechtschreibung ist für die Schule, der Brief aber ist für mich.

Es gehört zu den Regeln, daß ich Briefe, die eine Antwort erfordern, auch beantworte – oft durch nur einen Austausch von Blicken zwischen Katheder und Schulbank, durch ein Zunicken, ein Lächeln oder ein Kopfschütteln oder durch irgendein Wort im Unterricht, das nur der Zettelschreiber entsprechend verstehen kann. Dieses geheime Einverständnis mit dem Lehrer macht die Kinder stolz und sicher. Niemals verletzen sie die Spielregeln, streng trennen sie das Amt vom Menschen. Eine donnernde Strafpredigt wird still angehört, aber dann bitten mich die Zettel, ich solle nicht mehr böse sein, und teilen mir Dinge mit, die ich als Amtsperson nicht wissen darf. Meine Schulkinderbriefe stammen aus allen Klassen, und mit allen Kindern ist dieser Briefwechsel möglich – wenn sie nicht durch Lehrer, die keine sind, verschreckt und scheu gemacht wurden.

Ein Jahr war vergangen, seit ich meine Bergeinsamkeit in St. Nikolai mit der ländlichen Freundlichkeit des Städtchens Neumarkt vertauscht hatte. Aber oft und oft dachte ich zurück an die sechs Jahre jenes Einsiedlerdaseins, an jeden Platz, an jedes Schulkind und an alle, die, während es mir hier heraußen so gutging, da drinnen ihr hartes Dasein weiterlebten. Oft waren meine Gedanken auch bei meinem Nachfolger in der einklassigen Bergschule, der nun alles um sich hatte, was mich all die Jahre umgab, und all das tun mußte, was Tag für Tag mein eigener Aufgabenkreis gewesen war.

So setzte ich mich, von Erinnerungen wieder einmal gepackt, in die Bahn, stieg am kleinen Bahnwärterhäuschen aus und wanderte den wohlbekannten vierstündigen Weg hinein. Bald holte ich einen Bauern ein, dessen Kinder zu mir in die Schule gegangen waren, und nun marschierten wir gemächlich nebeneinander taleinwärts. Vielerlei erzählte er mir in der bedächtigen Art, in der ein Bauer mit Menschen spricht, die nicht seinesgleichen sind. Von viel Vertrautem und noch mehr Neuem war die Rede; von meinem Nachfolger aber erzählte er mir nichts. Als ich schließlich selber davon anfing, bekam ich auf meine Fragen lauter Antworten, die einen verschwiegenen Hintergrund erahnen ließen. Von einer nicht sehr glücklichen Liebesgeschichte hörte ich da und daß er ein bißchen viel im Wirtshaus zu sehen sei. Schließlich kam es, recht vorsichtig formuliert, heraus: ,,Mit der Schulkasse stimmt es ihm nicht.''

Als Leiter der einklassigen Schule hat der Lehrer auch die Finanzverantwortung über alle die Schule betreffenden Einnahmen und Ausgaben wahrzunehmen und am Ende jedes Schuljahres einen Bericht samt allen Belegen an die zuständige Schulbehörde abzuliefern. Eine dumme und peinliche Geschichte schien sich der neue Lehrer da aufgehalst zu haben; ganz sicher keine Betrügerei – die hätte sich nie und nimmer gelohnt –, aber jedenfalls Schlamperei, die fast notwendig in Ärgeres hineinführt, wenn Liebe oder Suff oder beides zusammen sich damit noch verquicken. Die Einsamkeit eines Hochgebirgswinters allein kann einen moralisch nicht ganz wetterfesten Charakter schon zermürben; ich konnte mich völlig in die Situation meines Nachfolgers hineindenken und war fest entschlossen, dem Armen herauszuhelfen.

Die Grundursache des Übels entdeckte ich gleich beim Eintreten in sein Wohnzimmer: In der Fensterecke war mit sichtlicher Sorgfalt und spürbarer Liebe eine Art Hausaltar aufgerichtet; aber statt des Heiligenbildes in der Mitte fand sich dort eine große, blumenumrahmte Photographie der Göttin seines Herzens. Es war eine launische Göttin, und ihre Launen hatten, wie mir immer deutlicher wurde, erst ihn und letzten Endes die Schulrechnung durcheinandergebracht. Sechs Gehstunden weit entfernt wohnte sie, in einem Städtchen an der Bahn, wo sich ein junger Stationsvorsteher heftig und beharrlich um sie bewarb. Und so schwankte sie dauernd zwischen dem anwesenden Eisenbahner und dem fernen Lehrer. Hatte ihr der Letztere wieder einen besonders glühenden und wohlgeratenen Liebesbrief geschrieben, so neigte sie sich ihm zu, blieb die Post länger aus, dann schrieb sie ihm einen kühlen Absagebrief. Auf jeden solcher Briefe rannte der gequälte Liebhaber bei Nacht und Nebel und bei jedem Wetter den sechs Stunden langen Weg zu ihr und gleich wieder zurück, um bei Schulbeginn um acht Uhr früh wieder da zu sein. Seine ermatteten Lebensgeister hatte er unterwegs nach Möglichkeit in den am Wege liegenden Gasthäusern aufgefrischt.

Das alles hatte weder der Schulrechnung noch der Schule selber gutgetan, wie an allen Enden leicht zu sehen war. Am schlimmsten aber sah zunächst der unglückliche Liebhaber und Schulleiter selber aus.

Als ich mich schließlich – halb mit Gewalt – in den Besitz der Schulrechnung und der Belege gesetzt hatte, um zu retten, was noch zu retten war, rannte er davon; es wäre ihm ganz unmöglich, jammerte er mit schlotternden Knien, mir beim Rechnen und Prüfen zuzuschauen. Dazu brauchte ich ihn schließlich auch nicht, denn die einzelnen Posten der Schulrechnung konnten nur dieselben sein wie all die Jahre zuvor, und auch ausstehende oder fehlende Beträge ließen sich mühelos abschätzen. Über die Höhe des Fehlbetrages hatte mein Nachfolger keinerlei Vorstellung. Verzweifelt hatte er mir berichtet, er hätte nicht mehr den Mut und die Nervenkraft aufgebracht, die Posten nachzurechnen.

Wüst sah es aus in den Schubladen, Schränken und Aufzeichnungen. Aber an Geld fehlte immer weniger, je länger ich rechnete. Von allerlei ihm zustehenden Vergütungen hatte er nichts gewußt, einen beträchtlichen Aktivposten hatte er völlig vergessen – und am Schluß mußte ich, obwohl ganz allein im Zimmer, laut auflachen: Es kam sogar ein kleiner Überschuß heraus! Nach einer Weile kam der geplagte Schulmann verstört wieder. Er hatte sich offensichtlich Mut angetrunken und starrte mich nun fassungslos an – meine Heiterkeit schien ihm rätselhaft und unheimlich. Er war voller Unglauben über meine Eröffnung, und ich hatte große Mühe, ihm die für ihn völlig unerwarteten Tatsachen beizubringen. Das Gesicht, das er dabei machte, war eines Lehrers nicht eben würdig.

Zuweilen ist es aber auch ein Genuß zu sehen, wie ein sonst gescheiter Mensch ein fassungslos dummes Gesicht macht. In Neumarkt hatte ich eine Vermieterin, in deren Haus ich für relativ billiges Geld drei Zimmer bewohnte, zwei rechts und eines links von der Stiege. Die Räume waren schön und frei gelegen, sonnig und freundlich; aber sie waren leer, und der größte hatte eine gräßlich geschmacklose und kalt wirkende rohe Wandbemalung, die das Zimmer regelrecht entstellte. Dem mußte ich begegnen.

Ich nannte zwar nur einen Schreibtisch, ein Bett und ein stilloses Durcheinander von allerlei Sitzmöbeln mein eigen – aber ich hatte eine ganze Kiste voll mit Stoffresten, Teppichfragmenten und ähnlichem Zeug, das ich im Lauf der Zeit zusammengesammelt hatte. Eine prachtvolle dicke Papiertapete lag in mehreren Rollen auf dem Boden der Kiste und bildete den Stolz meiner Restekollektion.

Es ist schön, eine Wohnung mit teuren und schönen Sachen einzurichten; interessanter und vergnüglicher aber ist es, sich aus Kisten und den beschriebenen Flicken eine Theaterdekoration im Zimmer aufzubauen. An dünne Leisten und mit kleinen Nägeln befestigte ich meine Prachttapete, eine senkrechte Bahn nach der anderen, oben unter der Hohlkehle des Zimmers. Durch ihr eigenes Gewicht legten sich die Bahnen vollständig und glatt an die Wand, so daß nur der unverklebte Rand dem Fachmann verriet, wie improvisiert diese vorgetäuschte Perfektion in Wirklichkeit war. Doch die vormals so öden Wände erstrahlten nun in schierer Pracht, eine Anzahl von Kisten und gehobelten Kistchen, geschmackvoll situiert und bedeckt, hübsche Vorhangreste und eine kluge Kombination von Teppichen und Läufern schufen in ein paar Tagen einen feudalen Wohnraum, der besonders im Lampenlicht aussah, als sei sein Besitzer ein ebenso prunkliebender wie vermögender Mann.

Wenige Tage später kam die Hausfrau, um sich anzusehen, wie ihr neuer Mieter sich eingerichtet habe. Geradezu überwältigt blieb sie im Türrahmen stehen: Aus den paar abgeladenen Möbelstücken hatte sie diese Pracht nicht voraussehen können. Hochbefriedigt verschwand sie wieder und posaunte meinen, meines Zimmers und meiner Tapete Ruhm durch alle Gassen.

Als ich nach mehreren Jahren in den so verkleideten vier Wänden an einen anderen Ort übersiedelte, waren die Dekorationen in wenigen Stunden abgenommen, zusammengelegt und neuerlich in den Kisten verstaut. Die Tapetenbahnen rollte ich mit aufgedrückter Hand nach oben und machte sie dort sorgsam los, die Bücher verstaute ich flugs in weiteren Kisten, und im Nu standen lediglich ein paar dürftige Gepäckstücke mitten in einem gräßlich bemalten, leeren Raum.

Es klopft an der Tür, die Hausfrau erscheint. Wie angewurzelt hält sie mitten im Schritt inne und starrt ins

Zimmer. Wortlos macht sie kehrt, begutachtet das andere Zimmer jenseits der Stiege und kehrt dann, mit einem völlig verstörten Ausdruck, wieder. Nie mehr in meinem Leben sah ich einen Menschen mit so hilflos dummem Gesicht die Wände anstarren.

Der Verdacht meiner Hausfrau, ich hielte an meinen Mittwochabenden spiritistische Sitzungen mitsamt Geisterbeschwörungen, wurde durch das unerklärliche Verschwinden meiner Tapete gewiß noch an diesem letzten Tag enorm bestärkt.

Tapetenwechsel im Sinne des Beziehens einer neuen Wohnung war bisher für mich ein eher recht seltenes Ereignis gewesen, wenn man von meiner ersten Zeit als Aushilfslehrer absieht, in der ich schon pflichtgemäß viel herumkam. Aber ansonsten führte ich ein sehr seßhaftes Dasein, das jedoch einmal im Jahr eine recht nachhaltige Unterbrechung zu erfahren pflegte: in den sommerlichen Schulferien zog es mich hinaus in die Ferne.

Das ist heute, in Zeiten praktisch unbeschränkter Reisemöglichkeit, leicht gesagt, war aber damals bei Fehlen so gut wie aller heute gängigen Touristenverkehrsmittel und vor allem bei meinen begrenzten finanziellen Möglichkeiten ein mühsames und langwieriges Beginnen. So war ich vor Jahren, mangels anderer Alternativen, in einem siebentägigen Gewaltmarsch, gerüstet mit nichts als einem leichten Rucksack und einem dünnen Mantel, aus meinem Bergnest in den Alpen bis nach Miramare gewandert, dem seit meiner Kindheit ersehnten Schloß am Meer.

Mein Verlangen, fremde Länder zu sehen, war dadurch aber nur gewachsen – wie auch die Einsicht, daß meine Reisewünsche mit den Beinen allein nicht zu bewältigen sein würden. Hunderte von Kilometern auf staubigen Landstraßen und in glühender Sommerhitze, dazu elende Nachtlager, das war auf die Dauer als Reisemethode nicht zu gebrauchen.

Das Ergebnis von vielem Nachdenken über andere Möglichkeiten war das Dromedar. Dieses mein Reit- und Lastkamel entwickelte sich in seiner ganzen Nützlichkeit und Vollendung erst im Lauf von Jahren und sah ausgewachsen ungefähr so aus: Ein solides Fahrrad, zwischen dessen beiden Rädern in dem sonst leeren Rahmen mit einem Lederriemen ein Ungetüm von einem braunen Schlafsack festgeschnallt war, der dort mit seinem Gewicht und Ausmaß eines dick ge- fütterten Wintermantels dem Dromedar einen festen Körper gab. Auf dem Hinterradträger thronten zwei sorgsam zusammengefaltete Zeltblätter, zu denen auch ein Sack für die Teile der zusammensteckbaren Zeltstangen und die zugehörigen Spannpflöcke gehör- ten. Ein halbes Bein einer alten Hose, oben und unten zugebunden, erwies sich als dafür sehr verwendbar. Oberhalb der Lenkstange schließlich befand sich, auf einem soliden Gepäckträger gelagert und per Riemen an der Lenkstange befestigt, mein vollbepackter, was- serdichter Rucksack. Stellt man sich das Erschei- nungsbild dieses meines Reisegefährten vor, so wird klar, warum ich ihn mein Dromedar nannte: Es war braun in der Mitte, hatte vorn und hinten einen gro- ßen Buckel, und dazwischen saß ich selber als der Rei- ter dieses Ungetüms, das unter seiner Last wie ein echtes Wüstenschiff schwankte, und das beim Auf- und Absteigen ebensoviel Mühe verursachte wie sein lebendiges Pendant. Denn am Morgen, zu Beginn der Reise, hat man noch die nötige Beschwingtheit; war man aber den ganzen Tag darauf gesessen, so konnte man nicht so sicher sein, ob die vom Treten ermüde- ten Beine noch die Fähigkeit aufbrächten, über seinen Buckel ohne Unfall herunterzuturnen.
Unendliche Freuden danke ich meinem Dromedar. Es trug mich von Schweden bis Italien und erschloß mir – für liebevolle Pflege und ein paar Tröpfchen Öl – die Welt, ja ließ mich mehr von ihr erleben, als der Rei- sende sich träumen läßt, für den sie nur aus einer Rei- he von Bahnhöfen und Hotels besteht.

Mein Hotelzimmer hatte ich stets bei mir; die beiden rhombusförmigen Zeltblätter bildeten, zusammengeknüpft und durch einen Stab in der Mitte gestützt, eine Pyramide von Schulterhöhe und zwei Metern Seitenlänge, in der es schnell behaglich warm wurde. Richtig zusammengelegt, brauchten die beiden Zeltbahnen, die auch als Regenmäntel oder Decken gute Dienste leisteten, nicht allzu viel Platz. Die Zimmereinrichtung enthielt mein prallgefüllter Rucksack, ebenso wie die durch kleine Einkäufe unterwegs stets vermehrte persönliche Habe, und obenauf den Reiseproviant. Wegzehrung zum Essen während der Fahrt hatte ich mir in Form von langen Brotwecken auf die Lenkstange geschnallt.

Durch ganz Deutschland war ich geradelt, von Süden nach Norden, über Passau, Regensburg nach Nürnberg und durch den Harz. Nun wurde das Land eben und weit, und bald sollte ich etwas sehen, von dem ich schon viel gehört und noch mehr gelesen hatte: die Heide. Wer so viele Jahre im Gebirge zugebracht hat wie ich, der kann sich ebenes, flaches Land kaum mehr wirklich vorstellen.
In Hannover hatten mir Freunde eine Familie empfohlen, die mich mit nützlichem Rat versehen würde für eine möglichst ergiebige Fahrt durch die Heide. Das Haus lag mitten in der Stadt; dort angelangt, legte ich mein Rad an die Kette und stieg in den zweiten Stock hinauf. Ich traf niemanden an.
Als ich aber wieder auf die Straße trat, war auch mein Rad nicht mehr da, und es brauchte eine ganze Weile, bis sich in meinem Gehirn der Gedanke Platz schaffen konnte: Das Rad ist weg! Und nicht nur das Rad, sondern auch alles, was sich darauf befand: der Schlafsack, der Rucksack mit allem Inhalt, das Zelt – alles. Ich hatte nicht bedacht, daß man auf dem Lande mitsamt seiner Habe zehnmal sicherer ist als in einer großen Stadt.

Ich ging zur Polizei und meldete den Diebstahl, dann ging ich zur Zeitung. Der Mann am Schalter, dem ich mein Unglück schilderte, meinte, ich solle doch einen Bericht darüber schreiben, den würde er für mich in der nächsten Ausgabe unterbringen. Ich setzte mich also an einen Tisch und schrieb müde und niedergeschlagen von jenem österreichischen Lehrer, der eine Studienreise nach Schweden machen wollte, und dem nun sein Rad mitsamt aller Habe gestohlen worden war, und fügte eine Beschreibung meines Dromedars und auch meiner Person bei. Ich schloß mit einer geradezu flehentlichen Bitte um Hilfe zur Wiedererlangung des mir so teuren Weggefährten. Als ich den Text abgab, reichte mir der Mann vier Mark zum Schalter heraus – als Honorar für meinen Bericht.

Die Polizei führte mich ins Leihhaus; unzählige versetzte Räder waren dort – mein Dromedar war nicht dabei. Einmal wurde ich ans Telefon gerufen, und ein Mann schrie wütend in den Hörer, er habe den Dieb fahren gesehen; wütend war er, weil er nicht gewußt hatte, daß es sich um den Dieb handelte. Die Anteilnahme war also allenthalben groß, brachte mir aber mein Rad nicht wieder. Schließlich rief man mich an, am Rand der Stadt wäre allerhand gefunden worden, das meinen Beschreibungen entspräche. Ich eilte dorthin; hinter einem Zaun lagen mein Schlafsack, die Zeltblätter und verstreute Papiere. Alles andere war weg und blieb auch weiterhin verschwunden.

Mittlerweile hatte ich um ein billiges Rad inseriert, und es waren nicht wenige Reaktionen darauf eingetroffen. Doch all die Angebote waren zu teuer. In einer der Zuschriften fand sich zwar keine Preisangabe, jedoch die Schrift gefiel mir. So beschloß ich, hinzugehen. Es war eine vornehme Straße und ein so vornehmes Haus, daß ich – der ich alles andere eher denn vornehm aussah – zögerte, einzutreten. Aber vielleicht war es ein Bediensteter des Hauses, der ein Rad zu verkaufen hatte. Ich läutete unsicher, und gleich darauf stand ich in einem für meine Begriffe unglaublich luxuriösen Vorzimmer. Sofort fiel mein Blick auf ein wie neu aussehendes Rad, herrlich vernickelt und mit blitzenden Speichen. Das war wohl der Ersatz für das alte Rad, das man mir zu verkaufen gedachte. Ein sehr gut gekleideter, freundlicher Herr trat ein, betrachtete mich interessiert, wechselte einige nette Worte und fragte mich schließlich, wie mir das Rad gefiele. Ich fand es wenig feinfühlig, einem bestohlenen armen Teufel ein so schönes Rad zu zeigen. Ob ich es denn nicht haben wollte? Das schöne, neue Rad? Ich hätte doch kaum etwas Geld und wollte weiter nach Schweden, stotterte ich und dachte dabei, wie wenig sich doch reiche Leute in die Möglichkeiten eines Unbemittelten hineindenken können. ,,Aber Sie haben ja noch gar nicht gefragt, was es kostet", meinte mein Gegenüber und sah mich belustigt an, ,,so fragen Sie doch!" drängte er. Ich konnte nicht begreifen, worauf er hinauswollte, fragte aber nun gehorsam nach dem Preis. ,,Das Rad kostet zehn Mark", sagte der Mann. ,,Ich fahre nach Amerika und brauche es nicht; geben Sie mir die zehn Mark!" Fassungslos und ganz mechanisch zog ich das bißchen Geld aus der Tasche, der Mann hob das Rad vom Ständer, drückte es mir in die Hand und schob mich mitsamt meinem neuen Besitz freundlich zur Tür hinaus.

Immer noch fassungslos stand ich mit dem fast neuen, erstklassigen Rad unten auf der Straße, und fassungslos schob ich es noch ein paar Häuserblocks weiter, bis ich mich endlich so weit sammelte, auf das wie vom Himmel gefallene Wunder aufzusteigen. Allmählich aber machte sich in mir reine Freude breit, die nur durch den Umstand getrübt wurde, daß ich in meiner gänzlichen Verwirrung nicht einmal dem Mann gedankt hatte für seine Großherzigkeit, dem bestohlenen steirischen Dorfschullehrer ein schönes neues Rad zu schenken.

Auf meinen Pedalritten sah ich vieles, was der Luxus-reisende auch für viel Geld nicht zu sehen bekommt, denn die Landstraße zeigt dem, der sie sich erradelt, in einer Stunde mehr von einer Gegend und von deren Bewohnern als die eiserne Straße in einem ganzen Tag, und hundert Nächte im Hotel lassen nicht an-nähernd so lebhafte Erinnerungen zurück wie eine Nacht im Schlafsack irgendwo am Wegesrand.

Das bequemste Nachtlager bietet begreiflicherweise der Wald, oder vielmehr der Waldesrand. Denn dort kann man den Mond kommen und gehen sehen, kann die Sterne und ihre Bahn verfolgen und macht es dem Morgenlicht leichter, einen zu finden. Auch huscht um den Schläfer allerlei harmloses Getier, von dem man oft erst am Morgen merkt, daß es da war. So er-wachte ich einmal in einem Buchenwald in Dänemark und stellte zu meinem Erstaunen fest, daß der ganze Schlafsack silbern in der Morgensonne glitzerte – denn ich war in einem Laubhaufen gelegen, und die Schnecken waren in großer Zahl über mich hinweg-gekrochen.

Findet sich kein Wald, so schläft man unter Baum-gruppen oder irgendwo auf der Heide – was mir ein-mal etwas mulmige Gefühle bescherte, als sich kra-chend ein nächtliches Hochsommergewitter entlud und ich mit meiner Zeltpyramide den einzigen erhöh-ten Punkt weit und breit bildete. Dafür schlief ich ein andermal friedlich in einem Kamillenfeld, was zur Folge hatte, daß mein Rad und ich den ganzen folgen-den Tag köstlich danach dufteten.

Da der Süden nur wenige Wälder in unserem Sinne hat, schläft man in Ruinen, Gärten und Weinbergen. Ein Italiener fand mich eines Morgens in seinem Wein-berg liegen und kam lautstark schimpfend und gesti-kulierend auf mich zu. Da aber die Trauben noch nicht reif waren, hatte ich ein durchaus gutes Gewissen; da verschwand der aufgebrachte Weinbauer – und kam wieder mit einem Hute voll reifer Trauben für mich. Garantiert ruhig und ungestört schläft man aber über-

all nur in einem besonderen Nachtquartier: im Friedhof. Gleich bei meiner ersten Radreise hatte ich diese
Möglichkeit entdeckt. Jeder Friedhof hat einen abge-
legeneren, verwahrlosten Teil mit eingesunkenen
Gräbern, die nun von hohem Gras bestandene weiche
Mulden bilden. Zwar erwacht man des Morgens mit
einem etwas seltsamen Gefühl angesichts der einen
umgebenden Grabsteine und Kreuze; doch die Toten
wie auch die Lebenden lassen einen dort in Ruhe, und
ich hatte, auch wenn ich das Rad für eine Weile unbe-
aufsichtigt stehen ließ, keinen Diebstahl zu fürchten.

Das Erwachen auf der freien Heide oder im Wald, am
Strand oder in einer Umgebung, die man des Abends
nur im Dunkeln gesehen hatte, war allemal schöner
oder wenigstens interessanter als das Erwachen in einem Hotelzimmer. Nur einmal hatte ich dabei ein Er-
lebnis, das einem weniger nervenstarken Schläfer
vielleicht das Herz im Leib hätte für immer stocken
lassen. Ich war von einer Schiffsüberfahrt und einer
langen, ungeheuerlich anstrengenden Tagesreise im
Kampf mit einem wütenden Gegenwind und schweren Regenschauern an die Grenzen meiner Kräfte ge-
langt, Stunde um Stunde hatte ich mir jeden Meter
vorwärts mühsam erkämpfen müssen. Noch war es
lange nicht Abend, aber ich war so erschöpft von diesem Wettlauf mit den Elementen, daß ich, völlig am
Ende meiner Möglichkeiten, nach einem Nachtlager
Ausschau hielt.
Die Gegend war eben und öde, weit und breit kein
Wald. Doch über einen Bodeneinschnitt, auf dessen
Grund sich träge ein düsteres Gerinne wälzte, spannte
sich eine Eisenbahnbrücke. Oft schon hatte ich unter
Brücken Unterstand auch in argen Wettern gefunden,
denn auch wenn alles strömt und trieft: unter einer
Brücke ist es immer staubtrocken. Der geschützteste
und trockenste Platz fand sich bei dieser Brücke ganz
oben, wo die Schräge der Böschung und die Eisenkon-
struktion zusammentreffen. Ein wenig durchgetropf-

tes Schmieröl war zu entfernen, und ein Raum für das Rad und für mich mußte erst noch geschaffen werden. Bald aber war es behaglich, draußen heulte der Wind, der Regen klatschte heftig, ich aber streckte mich im warmen und trockenen Schlafsack aus und schlief müde und erschöpft von den Anstrengungen des Tages augenblicklich tief und fest und mit einem dankbaren Gefühl der Geborgenheit ein.

Was aber wenige Stunden später geschah, ist mir noch heute eine einzige Erinnerung des Entsetzens. Von einem maßlosen Lärm wurde ich aus meinem tiefen Schlummer in eine kaum erträgliche Wirklichkeit gerissen; mir war, als wären direkt über meinem Kopf Tod und Hölle zugleich losgebrochen, ich hatte, während alles ringsum dröhnte und bebte, das Gefühl, eine ungeheure Gewalt rase mir mitten durch die Brust. Mein Herz hämmerte wild und mein Entsetzen war so groß, daß ich mich erst lange, nachdem das wüste Inferno abgeklungen war, wieder fassen konnte: Der Schnellzug Stettin–Berlin war in nur dreißig Zentimeter Abstand über mich hinweggebraust!

Ein völlig kurioser Zusammenstoß mit einem anderen Radfahrer auf einer einsamen und ansonsten menschenleeren schwedischen Waldstraße hatte mich den Rest meines Reisegeldes gekostet. So hielt ich mich die darauffolgenden Tage, getreu dem biblischen Fluch, an das Kraut des Feldes, die Rüben, und radelte im Schweiße meines Angesichts, um ehebaldigst nach Stockholm zu gelangen, wo hauptpostlagernd mein Lehrergehalt auf mich warten würde.

Halb verdurstet und mit neun Öre in der Tasche erreichte ich in glühender Hochsommerhitze die Stadt, verlangte an einem Verkaufsstand Wasser und erhielt Sodawasser, das zehn Öre kostete. Mit einem Öre Schulden, krank vor Hunger, total verschwitzt und verschmutzt, trat ich noch einmal in die Pedale auf der Suche nach der Hauptpost.

Als ich wieder heraustrat, kam ich mir vor wie Krösus persönlich und beschloß auch sogleich, kräftig Gebrauch von meinem „Reichtum" zu machen. Ich stürzte an ein Automatenbuffet und aß und aß, bis alle Leute um mich herum teilnahmsvoll lächelten. Nun war ich satt, ich hatte Geld, aber eine Wochen alte Patina bedeckte noch immer Kleider und Haut. „Badet" stand auf einem großen Gebäude, das ich erfragt hatte, indem ich einem Schweden mein Gesicht zeigte und dabei heftige Waschbewegungen vollführte. Nun war ich wieder Mensch und hatte eigentlich keinen anderen Wunsch mehr offen, als zu schlafen.

Am nächsten Morgen fragte ich mich durch zum „Kanzlihuset", dem schwedischen Unterrichtsministerium; denn ich hatte viel gehört und gelesen vom fortschrittlichen schwedischen Unterrichtswesen und mir daher schon des längeren in den Kopf gesetzt, dieses näher kennenzulernen. Wo immer ich an einer Schule vorbeikam, hatte ich mir ohne Schwierigkeiten Eintritt verschafft, um an Ort und Stelle ein Bild der Schulpraxis zu gewinnen. Nun aber war es mein Ziel, auch die zugrunde liegende Theorie näher zu besehen – und wo sollte das besser möglich sein als im zuständigen Ministerium!

Kein Minister der Welt aber hätte mich so empfangen, wie ich aussah: Das Hemd war zwar nagelneu, aber den Anzug hatte ich seit Wochen Tag und Nacht am Leibe getragen, und die strumpflosen, braungebrannten Füße steckten in wenig ansehnlichen Sandalen. Dennoch stapfte ich in diesem Aufzug die Stufen des mächtigen Gebäudes hinan. Die ersten Bediensteten, auf die ich treffe, mustern mich zwar mehr als erstaunt, werfen mich aber keineswegs hinaus, was wiederum mich in Erstaunen versetzt. Ich frage mich also durch, bis ich tatsächlich vor der Tür des Unterrichtsministers anlange und dort meine Visitenkarte abgebe: „Ein österreichischer Volksschullehrer möchte fünf Minuten mit dem schwedischen Unterrichtsminister sprechen!"

Der Diener verschwindet hinter der Tür. Pause. Zufällig fällt mein Blick in einen der großen Spiegel; während ich aber noch entsetzt mein Erscheinungsbild betrachte, tritt der Minister ein und macht eine unmißverständliche Handbewegung – aber nicht zur Ausgangstür, sondern in Richtung seines Zimmers.

Da sitze ich nun also wirklich in diesem Stockholmer Ministerium zusammen mit dem Unterrichtsminister von Schweden zu einer Plauderei über Schulfragen. Er fragt mich viele Dinge über Österreich, über unser Schulsystem und meine Erfahrungen als Lehrer, und ich erzähle ihm gar manches, was er mit Sicherheit von keinem Ministerialbeamten und aus keinem Buch erfahren kann. Meinerseits stille ich meinen Wissensdurst über Themen, die wiederum nur er ganz sicher weiß.

Zuletzt meint er, er würde mir gerne allerlei Informationsmaterial schicken lassen, wo ich denn in Stockholm wohne. Lächelnd antworte ich, daß mich wohl auch der tüchtigste Briefträger in der ganzen Stadt nicht finden würde. Wieso denn das, fragt er erstaunt. „Weil die Bäume im Stadionwald nicht numeriert sind", erkläre ich ihm und bitte um postlagernde Sendung, die ich auch tatsächlich schon am nächsten Tag in Form eines dicken Paketes in Empfang nehmen kann.

Ein Lehrer bleibt nun einmal ein Lehrer, und wer einer ist, der ist es nicht nur von acht bis zwölf und von zwei bis vier. Das steckt viel tiefer und ist auch durch einen Berufswechsel oder gänzlich veränderte Lebensumstände nicht auszumerzen. So bin ich denn auch seit vierzig Jahren, wo immer es mich hin verschlug, in allen Ländern in alle Schulhäuser gelaufen, die mir irgend am Wege lagen, und wurde mit derselben Selbstverständlichkeit, mit der ich hineinging, auch überall aufgenommen als willkommener Gast und seltsamer Kollege. Ich erklärte vor der jeweiligen

Klasse, woher ich kam und wohin ich wollte, zeichnete meine Reiseroute auf die Schultafel und stellte mein hochbepacktes Rad als Studienobjekt der ungezügelten Kinderneugierde zur Verfügung. Daß der wetterzerzauste Landstreicher dabei ebenso unbewußt wie gewohnheitsmäßig das Klassenregiment in die Hand nahm und – obwohl nur selten einiger Sprachbrocken mächtig – die Schüler mit Blicken und Handbewegungen dirigierte, wurde von niemandem übelgenommen, ja vielleicht gar nicht einmal so recht bemerkt. Denn die Schule, das war mein Zuhause, und die Schulkinder waren stets und immer meine Freunde, von denen und für die ich lebte. Es war schon in Kindestagen mein Wunsch gewesen, Lehrer zu werden, obwohl mir der Verlust der alten Bauernheimat noch heute schwer wiegt. Schwerer aber wiegt das Glück, in einer Klasse zu stehen und mit diesem ungestriegelten Haufen einen guten Weg zu suchen, der aus der grenzenlosen Welt der Kleinen in das geordnete Leben der Großen führt – immer wieder neu jene Brücke zu bauen, die den Abgrund zwischen diesen beiden Welten überspannen kann.

Mein Lehrberuf hat mich nicht reich gemacht im Sinn von Geld und Besitz. Aber unendlich reich habe ich mich gefühlt, wenn ich aus spärlichsten Mitteln etwas zuwege bringen konnte, das die Herzen derer, für die ich es tat, nicht unberührt ließ – seien es eine Bierfaßlbühne, ein gezogener Zahn oder ein Schuhnägelhimmel.

DER ARME REICHE

Siebenunddreißig Jahre meines Lebens waren schon ins Land gezogen, fast vier Jahrzehnte, in denen ich ganz für meinen heißgeliebten Beruf und natürlich auch für meine eigentlich unbegrenzten Freizeitinteressen gelebt hatte – für das Reisen, das Klettern auf schwindelnde Bergspitzen und in finstere Felshöhlen und vor allem die Literatur: Homer, die Bibel und Goethes Faust bildeten jene Trias, die mich von frühen Tagen an bis herauf ins hohe Alter an sich ziehen und bestimmen sollte. Aber davon später.

All meine Tage waren ausgefüllt mit all den Dingen, von denen hier schon ausführlich die Rede war und die noch Bände dicker Bücher füllen würden, wollte ich alles das vermerken, was die Erinnerung mir da diktieren würde. So ausgefüllt und reich beschäftigt war ich also siebenunddreißig Jahre, daß ich in siebenunddreißig Jahren nicht daran gedacht hatte, auch Ehemann für eine Frau und Vater für eigene Kinder sein zu können. Das heißt, gedacht daran hatte ich wohl, und auch die eine oder andere Gelegenheit in Gestalt mir zugetaner junger Frauen hatte es gegeben. Und doch war noch der Wunsch, die Absicht nicht so ernst und ausgereift, als daß aus einer zarten Schwärmerei sich mehr entwickelt hätte.

Mein achtunddreißigstes Jahr jedoch brachte die Wende in mein Junggesellendasein, und zwar in so nachhaltiger Weise, daß vom Tage meiner Eheschließung an nichts mehr so war wie zuvor. Daß Magda, meine Frau, eine geborene Mautner-Markhof und damit Erbin großer Vermögensteile ihres äußerst wohlhabenden Vaters war, das konnte mir ebensowenig Grund zur Heirat sein wie ihr der Umstand, daß ich als praktisch mittelloser Landschullehrer in dieser Hinsicht nichts zu bieten hatte. Was uns einander zuführte und schließlich aneinander band, war ein Vermögen anderer Art, von dem sich so lange Zeit danach in Worten schlecht berichten läßt. Es gibt wohl Kräfte, die zwei Menschen zueinander bringen, von denen wir nichts ahnen, denen wir aber, dem zum Trotz, ausgeliefert sind, je weniger wir von ihnen wissen.

Aus dem einfachen Dorfschulmeister war also über Nacht ein betuchter Ehemann geworden. Was mir an meinem neuen Stand – nebst anderem – besonders reizvoll war, das waren die nun völlig veränderten Aussichten auf neue Reisemöglichkeiten. Doch war es nicht nur Wunsch des Bräutigams, sondern der beiden Brautleute gemeinsam, zu einer Hochzeitsreise großen Stils zu rüsten, der die Bezeichnung Weltreise gerade angemessen sein würde.

Es war sicher ganz erheblich interessanter, Krokodile am Weißen Nil zu füttern als Tauben am Markusplatz in Venedig! Mit einer Begeisterung, die mich kaum noch schlafen ließ, setzte ich diese Reise nach dem Inneren Afrikas ins Werk. Es begann in Berlin. Dort rüsteten wir uns für die Hitze mit Khaki und Tropenhelm, und für die vornehme Kälte, die unsere englischen Reisegenossen vermutlich ausstrahlen würden, mit einem Smoking und allem, was dazugehört, um in diesen Kreisen nicht als Untermensch aufzufallen. Von Berlin reisten wir nach Marseille und schifften uns von dort über Neapel nach Alexandrien ein.

Seltsame Erinnerungen wurden bei dieser Seefahrt in mir wach. Zwei Jahre zuvor war ich um diese Zeit als Höhlenbewohner in meiner weltabgeschiedenen Felsenhöhle samt Höhlenmaus im Hochgebirge gesessen. Vor einem Jahr hatte ich im Kohlenbunker eines schwedischen Dampfers als blinder Passagier genächtigt, mit nichts als einem Laib Brot als Reiseproviant. Und nun saß ich im Smoking als Passagier erster Klasse an der Tafel eines Luxusdampfers! Der Smoking und der steifleinene Luxus waren nicht schön. Aber schön war die Welt, die sich bald schon vor meinen Augen auftun sollte: Alexandrien, Kairo, die Pyramiden.

Beim Wort Pyramide denkt wohl jeder an die berühmteste von allen, die Cheopspyramide. Etwa von der Höhe des Wiener Stephansdomes, steht sie in der Nähe von Kairo am Rande der Wüste. Wollte man sie ersteigen, so wäre das zwar ein mühsames, aber völlig ungefährliches Unterfangen: Auf tischhohen Stufen klettert man hinauf oder wird von drei Eingeborenen, deren zwei oben an den Armen ziehen, während der dritte von unten kräftig nachschiebt, hinaufbefördert. Oben gibt es dann einiges Knieschlottern, viel Schweiß, viel Trinkgeld und eine merkwürdige Aussicht.

Aber neben diesem jahrtausendealten Zeugen einer uns unverständlich gewordenen Zeit steht ein ebenso hoher weiterer Riesenbau, die Chefrenpyramide. Von ihr ist selten die Rede, und niemals wird sie bestiegen, denn sie gilt als unbesteigbar. Grund dafür ist jene haushohe, so gut wie senkrechte Wand aus glattgeschliffenen Quadern, die sich nach etwa drei Vierteln ihrer Höhe schier unbezwingbar über den bis dahin aufsteigenden Stufenunterbau erhebt. Es ist der Rest der uralten Steinverkleidung des Monsterbaues, steil wie ein Kirchendach und völlig glatt. Die Steinlagen ruhen mörtellos und so genau übereinander, daß nur an wenigen etwas ausgebrochenen Stellen die Finger einen mühsamen Halt, aber keinen Griff finden. An genau diesen Stellen müssen dann, wenn die Hände sich an der nächsthöheren Ritze festzukrallen suchen, die bloßen Zehen in gleicher Weise eingesetzt werden. Jedes Abgleiten ist bei der absoluten Grifflosigkeit der steilen Platten ein sicherer Tod, als ob man von einem Kirchendach über die Dachrinnen hinaus ins Leere rutschte. Doch endlich an diesem geheimnisvollen Bauwerk angelangt, beschließe ich sofort, es zu erobern.

Nur sehr langsam, unter vielem Suchen nach geeigneten Griffen, mit Nachdenken und Ausruhen schiebe ich mich hinauf gegen die Spitze der Pyramide. Tief unter mir erstreckt sich die Weite der sonnenglühenden Wüste, und kleine Geschöpfe kriechen wie Ameisen an dem steinernen Berg herum. Auch kleine Gruppen von Menschen kann ich erkennen, sie stehen ganz ruhig im Sand der Wüste und starren zu mir herauf – wie vor Jahren die Bürger von Oberzeiring zu ihrem neuen Lehrer hinaufgestarrt hatten, der dabei war, das Kirchturmkreuz zu erklettern. Auch meine Frau ist unter den winzig anmutenden Gestalten. Aus dieser Tiefe herauf haben sie glücklicherweise allesamt keine rechte Vorstellung, weshalb ich nur so langsam wie eine kranke Fliege vorankomme.

Endlich wird das schräge, glatte Dreieck über mir kleiner und kleiner – und dann habe ich's geschafft: Nur wenig Platz ist da oben, aber im Lauf der Jahrtausende ist die Spitze stumpf geworden, und ich kann bequem auf dem schräg gerundeten Steinblock sitzen. Sehr wenige Menschen sind jemals da gesessen, und jeder von ihnen – ich eingeschlossen – hat wohl weniger die überwältigende Aussicht genossen, dafür umso mehr gegrübelt, wie er da wohl heil wieder hinunterkommt! Ich hatte mir diese Frage schon beim Heraufklettern gründlich überlegt und war zu dem Schluß gekommen, daß es nur eine erfolgversprechende Möglichkeit gab: mit dem Rücken gegen die Wand! Ich hatte diese Technik schon oft geübt und bin, häufig zum blanken Entsetzen unkundiger Zuschauer, nicht selten in dieser Art an einen waghalsigen Abstieg herangegangen. Den Halt geben dabei die Ballen am Handgelenk, die man auf die kleinen ausgebrochenen Flächen in den Fugen so fest aufstützt, daß sie das ganze Körpergewicht tragen können. Hat man in der unteren Schichtenfuge einen ebensolchen Halt entdeckt, dann gibt man in den Armen so weit nach, bis man dort unten für irgendeinen Teil der Fußsohle Platz findet. Wenn man sich so an der glatten, in die endlose Leere der Wüste abfallenden Fläche hinuntertastet, die tödliche Distanz zum sicheren Boden andauernd vor Augen, dann begreift man, weshalb die Chefrenpyramide als unbesteigbar gilt. Eine einzige, nicht gut genug berechnete oder nervöse Bewegung – und man rutscht auf dieser größten und ältesten Rutschbahn der Erde rettungslos in die Tiefe. Aber für einen vorsichtigen und nervenstarken Barfußkletterer ist das Ganze so wenig gefährlich, daß ich nach etlichen Tagen etwas tat, wozu bisher noch keiner je Lust verspürt hatte: Ich kletterte ein zweites Mal hinauf. Das war technisch die kleinere, moralisch aber die weitaus größere Leistung.

Der Traum meiner Kindheit war das Märchenschloß Miramare gewesen. Viel später begegnete mir ein Name, der schon durch seinen Klang die Phantasie ähnlich erregte: Elephantine, eine Nilinsel unterhalb des ersten Katarakts, auf dem Weg von Kairo nach Karthum.

Die Insel ist sehr klein; nur ein mächtiges Hotel hatte man auf ihr untergebracht, neben einem Fellachendörfchen, das aber derart solide mit Mauern und Stacheldraht gegen die luxuriöse Touristenunterkunft abgeschlossen war, daß es auch mir nicht gelang, das trennende Hindernis zu überklettern. Eine Woche lang wohnten wir in diesem Hotel, das wahrscheinlich ein Traum für die Mehrzahl der europäischen Afrikareisenden ist.

Für mich aber war es kaum zu ertragen. Mindestens hundert barfüßige Eingeborene in ihrem talararartigen Gewand huschen lautlos durch Haus und Gänge und Garten und lauern, ob einem Gast etwa ein Wunsch abzusehen wäre oder ob er gar die Absicht haben sollte, irgend etwas zu tun. Du hast zum Beispiel gerade eine Ansichtskarte geschrieben und schickst dich an, sie irgendwo aufzugeben. Sofort greift die braune Hand eines Dieners lautlos nach der Karte. Du stehst im Garten des Hotels, unter Palmen und Bananenbäumen, am Ufer des Nils. Es ist heiß, so unerträglich heiß, daß du, was dir ansonsten nie passiert, an einen Liegestuhl denkst. Da hörst du ein leises Knirschen im

Sand hinter dir. Zwei weißgekleidete, sich tief verneigende Diener haben deinen Gedanken erraten und dir soeben einen Liegestuhl hingestellt.

Denn auch du bist einer der weißen Götter, die auf der Insel hausen. Oder vielmehr, du wirst wie ein Gott behandelt für die vielen schönen Goldstücke, die du beim Abschied hinterlassen mußt. Aber einmal im Leben muß man auch das ausprobieren.

Verzweifelt stehe ich am Nilufer und grüble, wie ich diesem behaglichen Elend entrinnen könnte. Abreisen können wir nicht, denn meine Frau ist krank geworden. Auch gibt es in dieser Gegend ja nur andere Luxushotels und andere Luxusreisende – kein Zufluchtsort also in Sicht.

Der Nil führt jetzt wenig Wasser, eine breite Sandbank hat sich unter den hohen Ufermauern angesetzt. Und auf dieser Sandbank unter mir treibt sich eine Gesellschaft von Schulbuben herum. Schulbuben gleichen einander auf der ganzen Welt – und ich habe „meine" in den letzten Wochen schon schmerzlich vermißt. Ich überlege eine Weile, dann ziehe ich die Lackschuhe aus und auch die schwarzen Socken. Ich bin barfuß. Der unvermeidliche Diener, der mir nachgeschlichen ist, erstarrt. Aber er begreift bald, was unter diesen Umständen seines Amtes ist. Während ich die Ufermauer hinunterklettere, bleibt er oben wie angenagelt stehen als Wächter meiner Schuhe und Socken.

Der Lärm der Bubenschar unter mir verstummt. Auch sie sind fassungslos über das unerhörte Ereignis; noch nie ist einer der weißen Götter zu ihnen hinabgestiegen. Unten angekommen, betrachte ich mir die Bande. Etliche sind braun, andere schwarz wie Schuhwichse. Aber alle sind Schulbuben, das heißt, sie sind im Schulbubenalter. Und als ich sie der Reihe nach anschaue, merken sie sehr bald, wie ich's meine. Kurz darauf sitzen wir alle mit untergeschlagenen Beinen im heißen Nilsand, und das Interesse der afrikanischen Buben für mich ist ebensogroß wie meines für sie. Eine lustige Unterhaltung beginnt, wir zeichnen Buchstaben und Figuren als Verständigungsversuche in den Sand, und ich krame den Inhalt meiner Taschen hervor, der sie höchlichst interessiert. Sie ihrerseits tun ihr möglichstes, um den herniedergestiegenen Weißen entsprechend zu unterhalten.

Von diesem Tag an lauerten jeden Tag um dieselbe Stunde unten auf der Sandbank meine Schulbuben. Sie schleppten allerlei Dinge an, um sie mir zu zeigen, und einer kam sogar mit einer Art selbstgebasteltem Faltboot aus einer über einem Holzgerippe getrockneten Büffelhaut. Die ehrende Einladung, mit ihm damit den Nil zu befahren, mußte ich, angeblich aus Zeitmangel, dankend ablehnen. Es herrschte durchaus auf beiden Seiten große Trauer, als ich schließlich meiner afrikanischen Schulklasse auf der Sandbank meine Abreise ankündigen mußte.

Ägypten lag längst hinter uns. In wochenlanger Fahrt war das kleine Dampfschiff mehr als tausend Kilometer nilaufwärts gefahren; aber heute war es mir viel zu langsam gegangen, und eine große Aufregung war den ganzen Tag in mir gewesen. Denn heute abend sollte ich etwas sehen, was ich nur aus Abbildungen kannte und wonach ich mich schon seit meiner Kindheit gesehnt hatte: die Felsentempel von Abu Simbel. Tief in der Wüste hatte der große Pharao Ramses II. vor dreitausend Jahren eines der seltsamsten Bauwerke dieser Erde anlegen lassen. Gierig und ungeduldig sah ich von Deck aus zu, wie das Schiff festgemacht wurde; doch von der Anlegestelle aus sah man noch nichts von den so heißersehnten Riesenbauten.

Groß sind die Plagen und Strapazen dieser Welt. Aber wenn keine da sind, erfindet sich der Mensch neue, denn sie vertreiben die Langeweile. Deshalb sind Mittag- und Abendessen auf einer solchen Luxusreise eine feierliche Handlung, ein Hochamt. Anstelle der

Kirchenglocken ertönt hier ein Gong, alles stürzt in die Kabinen, sich dem Anlaß gemäß umzuziehen. Die Damen erscheinen in großer Toilette, die Herren in einer kurzen, tiefschwarzen Zwangsjacke. Ohne den obligaten Smoking bei Tisch zu erscheinen, wäre den Engländern, mit denen ich reiste, ungefähr so erschienen, als ob man splitternackt auf einer Beerdigung auftauchte. Dem Unglücklichen, der etwa einmal aus zwingenden Gründen dieser Kostümierungsvorschrift nicht entsprach, wurde extra an einem Katzentischchen serviert. Auch ich sollte nun also im Smoking eine Stunde lang die ehrwürdigen Zeremonien der Nahrungsaufnahme über mich ergehen lassen. Und draußen im Mondlicht stand, gleich um die Ecke, der lebenslang ersehnte Wüstentempel der Pharaonen!

Es hielt mich nicht länger. Ich stürmte in die Kabine, riß Lackschuhe und Socken von den Füßen und krempelte die leichte Hose hoch auf. Die Schiffsmannschaft war mit dem Auslegen des Laufsteges gerade so weit, daß sie selber mit ihren bloßen Füßen darüberturnen konnte. Sie mochte sich wohl höchlich über den entarteten Weißen gewundert haben, der nun barfuß über den Steg balancierte und alsodann eiligst um die Ecke verschwand.

Wenige Minuten später stand ich vor den mondbeschienenen Tempeln. Lange stand ich so, bis ich mich allmählich von der ersten inneren Erschütterung erholt hatte, dann trat ich langsam, fast ehrfurchtsvoll näher. Da saßen sie nun vor mir, die steinernen Riesengestalten, noch größer als die berühmten Memnonskolosse. Sie sahen mich nicht an, sondern blickten starr über mich menschlichen Wurm hinweg in den über der Wüste voll aufgestiegenen Mond. Mit jedem Schritt, den ich näherkam, wurden sie noch größer und seltsamer und unwirklicher, wie im Mondlicht sichtbar gewordene Traumgestalten.

Lange zögerte ich, mich ihnen ganz zu nähern; wer wußte denn, ob sie meinen Plan, ihnen barfuß auf die

Schultern zu steigen, widerspruchslos akzeptieren würden!

Nun stand ich dicht vor ihnen und sah, daß auch sie barfuß waren, wie ich; aber schon ihre Zehen waren so groß, daß man nach einem beherzten Aufschwung bequem auf ihnen sitzen konnte. Etwas mehr Klettergeschick gehörte schon dazu, zunächst ihren Schoß zu erklimmen. Aber viel schwieriger als die rein technischen Anforderungen war für mich das Gefühl zu überwinden, daß ich lebendige Körper berührte und auf ihnen meine Kunststücke vollführte. Dies unheimliche Gefühl verlor ich erst, als ich den sitzenden steinernen Riesen auf dem Schoße stand und in ihre ungeheuren, mondumflossenen Gesichter blickte: Ihr Ausdruck war nicht hart und starr oder unerbittlich, wie ich ihn von vielen Steinbildern Ägyptens kannte. Eine seltsame Weichheit spielte in den Gesichtern der uralten Kolosse, es strahlte aus ihnen eine Kraft, die zugleich Güte war, zu mir herunter. Dreitausend Jahre, ein Gutteil unserer Weltgeschichte, stehen sie schon hier, und die gesammelte Weisheit von dreitausend Jahren legten die Künstler, die sie einst schufen, in den Ausdruck dieser Gesichter.

Tief unter mir, auf dem Platz vor dem Tempel, wurde es unruhig: Die feierliche Fütterung der Smokingleute war vorbei, und nun kam der Felsentempel dran, denn der hatte zwei Sternchen im Baedeker. Ich kletterte eilig auf die Schulter des einen Kolosses und zog mich dort in den Mondschatten zurück. Denn so, wie ich viele meiner Mitreisenden kennengelernt hatte, würde ihnen ein Reisegenosse, der die Tempelfiguren barfuß erklettert, einen viel größeren Eindruck verursacht haben als der ganze Tempel. Ich hatte von der oft geradezu unvorstellbaren inneren Armut reicher Weltenbummler auf dieser Reise schon erschütternde Beweise erlebt.

Als sich der Schwarm wieder verzogen hatte und aufs Schiff zurückgekehrt war, stieg ich sehr langsam und andächtig wieder herab, stellte mich auf den leeren

Tempelvorplatz und sah den jahrtausendealten steinernen Übermenschen noch lange in die mondbeschienenen Gesichter, erfüllt von großer Dankbarkeit, daß ich sie hatte sehen dürfen.

Vieles, vieles andere auf dieser Welt war ich noch begierig zu sehen, und unsere weitausgreifenden Reisepläne hatten so manches davon bereits vorgesehen. Eine schwere Erkrankung meiner Frau aber zwang uns bereits nach diesen wenigen Wochen zur Rückkehr in heimatliche Gefilde.

Damit nun wurden auch für mich große und einschneidende Veränderungen meiner Lebensumstände unausweichlich.

Da stand an allererster Stelle – was die Auswirkungen auf mein Lebensgefühl betraf – die Beendigung meines Lehrberufes. Denn wenn einer so wie ich als Lehrer in der Schule sich an seinem angestammten Platz fühlt wie ein Baum im Wald, dann kommt es einer Entwurzelung gleich, wenn man ihn aus dieser Eingebundenheit in eine ihn bergende Welt verpflanzt in eine Stadt mit all ihren Unnatürlichkeiten. Und genau das wartete nun auf mich: der Abschied vom ländlich-dörflichen Leben und der Umzug in die Stadt meiner Studienzeit, nach Salzburg.

Dreißig Jahre zuvor war ich voll bauernkindlichem Staunen in meinen nagelneuen Wechselschuhen zum ersten Mal in diese Stadt gekommen. Jetzt war ich plötzlich Besitzer eines Hauses, herrlich auf einem der Stadtberge gelegen, einer Villa im ausladendsten Sinn des Wortes. Dennoch – ich hätte mein ganzes vergangenes Leben vergessen und aus meinem Inneren tilgen müssen, wenn es mich nicht in all dieser städtischen Annehmlichkeit immer wieder hinausgezogen hätte ins Bauernland – was mich schließlich dazu trieb, mir ein Bauerngut zu kaufen. Denn das Heimathaus war verloren, verbaut und zudem viel zu weit weg, um das Wochenende dort zu verbringen; und wer weiß, wie gut es meiner Gefühlswelt getan hätte, die geliebte und vertraute Heimat sich stetig modernisieren und verändern zu sehen. So suchte ich lange nach dem Wochenendhaus meiner Wünsche, lief überall in der Gegend herum und fand auch viele sehr schöne Bauernhöfe zum Verkaufe angeboten. Aber gerade das, was dem Bauern der größte Vorzug ist, scheint dem erholungsuchenden Städter als markanter Nachteil: ebene Lage, keine Felsen, keinerlei Wasserfälle oder ähnlich romantische Merkmale.

Den verschiedensten Leuten hatte ich aufgetragen, mir suchen zu helfen. Nach vielen fruchtlosen Versuchen und Besichtigungen schien es aber dann soweit zu sein. Gut eine Stunde außerhalb der Stadt auf einem dichtbewaldeten Hügel, wo niemand ein Bauernhaus mit Garten und mit Wiesen vermuten würde, trat ich heraus aus dem Wald – und blieb wie angewurzelt stehen: Begeistert starrte ich auf ein Bauernhaus, das in Rufweite vor mir lag inmitten grüner Wiesen und umgeben von sanften Wäldern, die es von unten her unsichtbar machten.

Alle meine Hoffnungen übertraf dieser erste Anblick. Unter einem Vorwand betrat ich das Haus – aber zu meiner größten Überraschung begrüßte mich der Bauer mit Namen: „Endlich sind Sie da", meinte er, „ich war schon im Herbst bei Ihnen, aber Sie waren nicht daheim!" Ich ließ ihn nicht merken, daß ich entschlossen war, den Platz egal um welchen Preis zu erstehen. Weil ich so lange nicht gekommen war, konnte er auch nur ein laues Interesse bei mir erwarten. In Wahrheit aber hatte man mir aus irgendwelchen Gründen das Verkaufsangebot nicht ausgerichtet.

Rund um das Haus war ein wahres Theaterinventar von Landschaftsformen vereinigt. Eine große Wiese zog sich in reiner Südlage, von Wald umsäumt, den Berghang hinab. Unten rauschte der Bach durch eine tiefe Schlucht, und sogar seine vier Wasserfälle gehörten zum Besitz. Oberhalb des Hauses erstreckte sich ein Jungwald weit hinauf, und ein dunkler Forst krönte den Hügel, der den Besitz nach oben hin abschloß.

So herrlich die Lage des Hauses sich darbot, so wüst und verwahrlost sah es im Innern aus. Kaum ein Fenster war noch ganz, Fetzen waren in die zerbrochenen Scheiben gestopft, und neben der Haustüre fand sich ein großes Loch in der Wand. Wie mir Nachbarn später erzählten, war das Wirtshaus die Ursache für den Verfall des Bauerngutes und seines Besitzers.

In Anbetracht des erbärmlichen Zustandes, in dem sich das Haus befand, waren wir uns über den Kaufpreis schnell einig, und schon am nächsten Vormittag brachten wir in der Stadt alles Geschäftliche in Ordnung. Schließlich standen wir vor dem Bankschalter, wo dem Bauern der Kaufpreis in bar ausbezahlt werden sollte. Recht unsicher sah mein Begleiter um sich; er war wohl noch nie in einer Bank gewesen – und das Ganze war ihm etwas zu rasch gegangen. Besitzänderungen auf dem Lande sind sonst eine feierliche, umständliche und durchaus langwierige Angelegenheit.

Als der Schalterbeamte mit lässiger Gebärde das Geld auf die Marmorplatte zählt, starrt der Bauer erst ihn an, dann mich und schließlich das Päckchen bedrucktes Papier, das sich da vor ihm auftürmt. Daß die Tausender so plötzlich da sind, vor allem aber, daß sich in dieser Minute sein ganzer Besitz, sein Haus, die Wiesen, die Äcker, der Wald, die Obstbäume und alles Große und Kleine, was dazugehört, in dieses Häufchen bunter Zettel verwandelt hat – das geht ihm sichtlich kaum in den Kopf. Mehr als ein paar Abschiedsworte bringt er nicht heraus, steckt den Umschlag mit dem Geld in die Rocktasche, und mit beiden Händen seinen verwandelten Besitz an sich pressend verläßt er die Bank. Ich sehe ihm lange nach. Mit gesenktem Kopf, zusammengezogenen Schultern und fest an die Brust gedrückten Händen stapft er behut-

140

sam, jedem Entgegenkommenden in einem kleinen Bogen ausweichend, davon. Mir und den Meinen aber wurde der waldumschlossene Besitz auf dem Berge zu einer immerwährenden Quelle der Erholung für Leib und Seele.

Und die sollte ich in den kommenden Jahren auch mehr als nötig haben. Um die großen Mittel, über die ich nun gemeinsam mit meiner Frau verfügte, sinnvoll und vor allem sicher anzulegen, hatte ich nach und nach drei Hotels in der Stadt gekauft, und es läßt sich denken, daß die Leitung dreier solcher Unternehmen den Einsatz all meiner Kräfte und Energien erforderte. Die Geschäfte liefen sehr gut, und es blieb mir nur wenig Zeit, über Vergangenes und Zukünftiges nachzusinnen, war ich doch mit unternehmerischen Aufgaben in der Gegenwart völlig ausgefüllt. Mit einem Schlage aber sollte alles anders werden.

Vier Jahre Weltkrieg waren herum, aber die vergangenen vierzig Friedensjahre hatten eine so fest gegründete und verwurzelte Ordnung geschaffen, daß man sich große und tiefgreifende Veränderungen nicht wirklich vorstellen konnte. Zwar war das Unglück groß und auch der Hunger, jedoch im Felde und daheim gehorchte alles der Obrigkeit; die Grundfesten der Ordnung im Denken und Handeln schienen unerschüttert.

Es war ein schöner, sonniger Morgen im September 1918. „Unten in der Stadt muß was los sein!" meinte meine eben vom Einkauf zurückgekehrte Köchin. Ich ging hinunter. Auf dem Platz vor dem Regierungsgebäude stand eine Menschenmenge, am Tor des Gebäudes gab es ein arges Gedränge, viele Neugierige hatten sich angesammelt und versuchten zu sehen, was es denn da vorne gab. Neben dem Portal stand ein Schilderhäuschen.

Plötzlich geriet es ins Wanken, dann verschwand es. Das war das erste, geradezu symbolische Zeichen des Untergangs der alten Weltordnung. Aber es konnte ein Zufall sein, und die Zuschauer schienen das auch zu glauben. Bald jedoch ereignete sich etwas, das man nicht mehr mißverstehen konnte. Fensterscheiben klirrten. Alle wichen entsetzt zurück. Nun wurden die Fenster in den unteren Stockwerken systematisch eingeworfen. Niemand kam, es zu hindern.

Plötzlich große Unruhe auf dem angrenzenden Platz: „Das Militär!" Eine halbe Kompanie Soldaten war aufmarschiert, vor ihnen kommandierte ein Leutnant „Gewehr auf!" Etliche Soldaten gehorchten, die meisten aber standen stumm und reglos da. Der Leutnant wurde blaß und brüllte seine Leute an. Da schlug ihm jemand aus dem herandrängenden Publikum die Kappe vom Kopf – und keiner der Soldaten war bereit, für den Vorgesetzten Partei zu ergreifen.

Diese offenkundige Meuterei der Soldaten hatte ich mit größerem Entsetzen angesehen als alles andere. Da ging es nicht mehr um Fensterscheiben – da wankten die Fundamente!

Es war für mich der erste Tag einer neuen Zeit, und ich war bis tief in die Nacht auf den Beinen, wobei ich bald erkannte, was da geplant war: Plünderungen der Lagerhäuser und Überfälle auf die Luxushotels. Und spätestens damit hatte das Ganze auch für mich schwerwiegende Konsequenzen. Das große Hotel am Bahnhof wurde als erstes wüst zugerichtet. Ich wartete unterdessen vor dem Bristol, meinem großen Haus am Makartplatz, auf die Leute und die Ereignisse, die da kommen sollten. Gegen Mittag kamen sie – aber sie stürmten an mir und meinen Spiegelsälen samt Kronleuchtern vorbei und stürzten sich auf das benachbarte Hotel; schon bald hörte man das Klirren eingeschlagener Scheiben.

Während ich etwaiger Nachzügler harrte, brachte man mir Kunde, daß das Hotel Stein, das ebenfalls mir gehörte, gerade geplündert werde. Als ich dort ankam, begegneten mir Leute mit Kupfergeschirr; in der Küche sah es dementsprechend wüst aus, aber ein

Mann stellte sich mir vor und entschuldigte sich höflich wegen des Schadens – sie hätten nicht gewußt, daß auch dieses Hotel mir gehörte. Diese Geste verdankte ich wohl dem Umstand, daß mir der Sinn für Repräsentation vollständig fehlte und so mancher arme Teufel, vor dem sich schon alle Türen geschlossen hatten, bei mir immer noch auf eine offene gestoßen war.

Auf der Straße hörte ich, das städtische Kühlhaus werde soeben ausgeräumt. Auch ich hatte dort Fleisch eingelagert und machte mich auf den Weg. Am Eingang herrschte großes Gedränge, und eine mit Fleisch schwerbepackte Frau kam auf mich zu, sah in mein damals recht schmales Gesicht und legte mir ein paar mächtige Fleischranken in den Arm: „Aber Sie haben ja noch gar nichts!"

Vor einem großen Warenhaus ereigneten sich unterdessen groteske Szenen. Im Oberstock war ein Hutlager untergebracht; durch die geöffneten Fenster warfen etliche Plünderer Stapel von Hüten herunter, und eine begeisterte Menschenmenge sah dem Hutregen mit Ergötzen zu. Viele von ihnen bückten sich, eine passende Kopfbedeckung auszusuchen, probierten eine nach der anderen und ließen sich dabei von den Umstehenden sachkundig beraten.

Ähnliche Szenen gab es überall. Es war eine Art Volksfest mit Gabenverteilung. Menschen, die nie auch nur einen fremden Bleistift eingesteckt hätten, plünderten mit Ernst und Eifer und ohne eine Spur von schlechtem Gewissen. Dabei geschah zunächst niemandem auch nur das geringste Leid.

Nachmittags aber begegnete ich auf der Staatsbrücke Frauen, deren Röcke bis zum Knie durchnäßt waren. Andere, die eine randvoll gefüllte Kinderbadewanne trugen, brachten mich auf die Ursache: Es war Wein aus geplünderten Kellern. Nun wurde es ungemütlich. Denn der Alkohol riß die letzten Hemmschwellen der ohnehin in einem Rauschzustand befindlichen Menge gänzlich nieder.

Am nächsten Tag rasselten die Straßen von Militär. Der Spuk und der Rausch waren verschwunden. Entsetzt trugen manche braven Bürger, über Nacht zur Besinnung gekommen, das geplünderte Gut zur Polizei. Erst zwei Monate später kam das Kriegsende und mit ihm der allgemeine Zusammenbruch der alten Welt. Das Plünderungs-Volksfest im September war davon nur ein harmloses Vorspiel gewesen.

Aus Pietät oder sonst einer seltsamen Anwandlung hatte ich die „Blaue Gans" gekauft, in deren Obergeschoß ich einst als „Bettgeher" gehaust hatte. Das Haus war nun gänzlich verschuldet und heruntergewirtschaftet. So hatte ich mich bei der Vorbesichtigung des Hotels gewundert, warum die Gäste derart lang aufs Essen warten mußten. Die Erklärung war bald gefunden: Es war nicht mehr genug Geschirr da; wenn also einer fertig war mit einem Gang, wurde sein Eßgeschirr eilig abgewaschen, um darauf dem nächsten Gast servieren zu können.

Das Elend, das in der „Blauen Gans" infolge trostloser Familienverhältnisse aus allen Winkeln schaute, war durch einen tiefen Griff in die Tasche und ein neues Regiment leicht zu beheben. Aber es dauerte nicht lange, da ging es mir selber in den beiden anderen großen Häusern mit der Bettwäsche ebenso wie der „Blauen Gans" mit dem Eßgeschirr. Schließlich blieb für jedes der vielen Betten nur noch eine leidlich brauchbare Garnitur über. Hatte ein Gast seine Absicht kundgetan, zu einer bestimmten Stunde abzureisen, so lauerten die Stubenmädchen auf das noch warme Leintuch und brachten es zur Wäsche – oder nahmen damit eine Prozedur vor, die das Waschen leidlich ersetzte. Bald aber stand ich vor der Wahl, die Hotels zu sperren oder Wäsche zu kaufen. Die österreichische Währung war auf ein Drittel ihrer früheren Kaufkraft gefallen, mit ihr also auch mein Vermögen.

Ich hatte somit kaum Geld und keine Wahl – ich kaufte in der Schweiz, wo einzig es noch Bettwäsche zu kaufen gab, einen großen Posten auf Kredit, dessen Rückzahlung sich der Verkäufer begreiflicherweise in Schweizer Franken ausbedungen hatte.

Gerade aber die Leintücher, freudig begrüßt und ängstlich bewacht, rissen mich in den Abgrund der Inflation. Die Währung stürzte unaufhaltsam, und zuletzt war ich dem Schweizer für jedes Leintuch den Preis von ungefähr fünfzehntausend Leintüchern schuldig. Schulden, durch 15.000 dividiert, erlösen den Schuldner von allem Übel. Aber Schulden, mit 15.000 multipliziert, sind ein gut eingeseifter Henkerstrick. Ich war erledigt. Schon bald nahte der Henker – auch wenn er gar nicht so aussah. Ein alter Herr, behäbig und bieder, voller Teilnahme und Mitgefühl für das Schicksal der armen Österreicher im allgemeinen und für meines im besonderen, hatte meinen drei Buben Tafeln herrlicher Schweizer Schokolade mitgebracht und tröstete meine Frau, die über meinen und ihren schlechten Gesundheitszustand klagte.

Bald aber war zu merken, wie nett der Schokoladenbringer wirklich war: Ich war völlig in seiner Hand. Der Zahlungstermin für die durch ihn vermittelte Wäsche war da – und er klagte mich auch. Die Summe, die nötig gewesen wäre, die Schweizer Franken zu beschaffen, hätte auch in glänzenden Geschäftszeiten kein Betrieb aufgebracht. Der listige Schweizer tröstete mich und meinte, er ließe ja mit sich reden. In diesem Augenblick blieb mir nichts, als alles auf eine Karte zu setzen: Ich tarnte mich mit der Rolle des spintisierenden Bücherwurms. Geduldig hörte mein Gegenüber meine weitschweifenden Äußerungen über Goethes Faust und meine Klagen über die Last des Hotelgeschäfts an. Er hätte einen guten Freund, meinte er schließlich, der sei Hotelfachmann, und wir könnten ja einen Vertrag über das Hotel machen. Gesagt, getan, der Freund eilte hilfreich aus der Schweiz herbei und legte mir einen schönen Vertrag vor, in dem das Hotel gegen die Schulden für die Leintücher gesetzt werden sollte. Nun ließ ich durchblikken, ich wäre völlig „amtsmüde" und wolle und müsse von allen Geschäften Ruhe haben. Das konnte man mir leicht glauben, denn ich sah in der Tat erbärmlich aus. Also auch das zweite Hotel winkte!

Die beiden Unterhändler wurden wieder ganz Freundlichkeit und Teilnahme. Ich aber spielte den Neurastheniker mit einer Zwangsvorstellung: Solange sie nicht die Klage zurückzögen und mir neue, sehr günstige Zahlungsbedingungen stellten, könnte ich an ihren guten Willen, mir zu helfen, nicht glauben. Bei all den Verhandlungen redete ich so viel gescheites Zeug über Bücher und so viel dummes Zeug über die Geschäfte und war sichtlich derart erledigt, daß sie alles Mißtrauen und alle Vorsicht für unnötig hielten; die Aussicht, auch das zweite große Hotel billigst in die Hand zu bekommen, verblendete die beiden alten Füchse.

An einem sonnigen Vormittag saßen wir schließlich in einer Anwaltskanzlei zusammen. Auf dem Tisch lagen zwei Verträge. Der eine nahm mir in kunstreich verschlungenen Wendungen und Klauseln praktisch jeden Einfluß auf die beiden Hotels. Der andere enthielt überaus noble Zahlungsbedingungen für die Wäsche. Unter endlosem und ebenso belanglosem Geplauder ging ich schließlich zum Tisch, unterschrieb wie zufällig einen der beiden Verträge – es war der mit den Zahlungsbedingungen – und schob ihn dem Schweizer ganz beiläufig zur Unterschrift hin. Und der unterschrieb. Sofort griff ich nach meinem Hut und dem unterzeichneten Vertrag, grüßte kurz und ging. Ich war gerettet.

Wer aber meint, ich wäre in diesem Augenblick und auch nachher imstande gewesen, mich zu freuen, der irrt. Halbtot und völlig gerädert wankte ich nach Hause und brauchte noch Tage und Wochen, mich mit meiner Rettung abzufinden. Unzählige aber, die an dem großen Haus vorbeigingen, das die ganze Länge jenes großen Platzes der Stadt beherrscht, dachten bei sich: Was für ein schönes Haus, und wie glücklich muß der Mann sein, dem es gehört!

Die Zeiten waren und blieben schwierig, dennoch gelang es mir mit Hilfe mehr oder weniger geschickter Direktoren, den geschäftlichen Fortgang meiner Hotels zufriedenstellend zu gestalten. Eine Reihe von Direktoren hatte ich mit Freuden kommen, aber auch mit Freuden gehen gesehen, bis mir schließlich ein Direktor beschieden wurde, der sich geradezu als der Inbegriff aller Geschäftstüchtigkeit herausstellte. Der Mann war unbestritten ehrlich und tüchtig – und trotzdem bin ich, ohne seine Schuld allerdings, durch ihn auf das schwerste zu Schaden gekommen.
Ich hatte mich immer vor Bargeld gefürchtet, am meisten vor fremdem Bargeld. Die außerordentlichen Fähigkeiten dieses nämlichen Direktors aber verleiteten mich, das erste Mal im Leben mich auf einen anderen zu verlassen und mit fremdem Geld zu arbeiten. Ich nahm einen erheblichen Bankkredit zur Durchführung größerer Umbauten und Modernisierungen an den Hotels. Auch bei vorsichtigster Kalkulation konnte ich sicher darauf rechnen, daß sie mühelos verzinst und amortisiert werden konnten.
Es war aber in den Jahren der wirtschaftlichen Scheinblüte nach dem Ersten Weltkrieg. Rasch nacheinander kamen nun drei furchtbare Keulenschläge: die Weltwirtschaftskrise, die Tausendmarksperre und die Bombenangriffe politischer Terroristen auf das mit ausländischen Gästen vollbesetzte Hotel. Um nicht in die Zinsknechtschaft der Banken zu geraten, nahm ich eine sehr harte und schmerzliche wirtschaftliche Abrüstung vor. Ich verkaufte das große Hotel und zwei kleinere und behielt nur mein bürgerliches Lieblingshaus an der Staatsbrücke. Es war ein schwieriger Rückzug und ein verlustreicher Absturz. Heruntergefallen war ich, weil ich mich von meinem

allzu tüchtigen Direktor hatte verleiten lassen, auf einer geborgten Leiter hinaufzusteigen . . .

Still fließt das Leben des kleinen Mannes dahin; seine Jahre vergehen unter Arbeit und Mühen und in Sorgen um Stellung und Verdienst, um Frau und Kinder und zuletzt um die Beschwerden und Nöte des Alters. Es lohnt sich nicht, ihm zu schmeicheln oder ihn zu betrügen – seine kleine Habe und sein kleines Glück erwecken keinen Neid und keine Begehrlichkeiten.
Ein großes Vermögen dagegen ist stets im Blickpunkt des Interesses aller und nur so lange sicher und unnahbar, als es der, welcher es erwarb, oder ein erfahrener und tüchtiger Erbe mit Pflichtgefühl und Umsicht verwaltet. Wehe aber, wenn keine feste Hand und kein kluger Kopf mehr da sind, wenn ein großes Vermögen in unrechte Hände kommt. Ein ganzes Buch könnte ich schreiben allein über die wilden Machenschaften, die sich rund um Besitz und Erbe einer sehr nahen Verwandten meiner Frau abspielten, vom Kommen und Gehen schmarotzender Ehemänner und Dienstboten, bis schließlich die ehemals so wohlhabende Frau mit ihrem Sohn zurückblieb, ausgeplündert bis auf das, was sie am Leibe trugen. Ein Millionenvermögen war innerhalb weniger Jahre so spurlos zerronnen wie der Schnee im August. Es wäre ein Buch voll bitterer Wahrheit.

Unsere Dichter aber leben zumeist in irgendeinem Winkel oder am Rande des eigentlichen Lebens. Von der Welt, in der nicht die Liebe, sondern das Geld die treibende Kraft ist, wissen und ahnen sehr viele nur sehr wenig. Denn kaum einer von ihnen gerät je selbst mitten in die Tragödien und Komödien, in die Schund- und Schauergeschichten, die der Kampf ums Geld zu entfesseln vermag. Bestenfalls erzählen sie vom Tanze um das goldene Kalb. Aber sie wissen nichts davon, wie es ist, wenn ein goldenes Kalb mit List eingefangen, abgeschlachtet und kunstvoll oder auch brutal ausgeweidet wird. Die Schlachthäuser des Geldes eignen sich ebensowenig für die schöne Literatur wie die wirklichen.

Die goldenen Kälber unserer Zeit, die großen Vermögen und Reichtümer, werden selten alt und überleben kaum je mehrere Generationen. Immer werden sie vorher geschlachtet. Und das ist sehr weise von der Vorsehung, denn sonst würden in wenigen Jahrzehnten nur ein paar Dutzend von ihresgleichen die Welt regieren. Es wäre keine schöne Welt.

ALTERSWEISHEIT

„Unsere Katz' hat zwei Junge gekriegt, draußen im Heustadel", berichtete mir die Wirtschafterin meines Bauernhofs. Hilflose blinde Kätzchen sind keine Sehenswürdigkeit; ich vergaß die Mitteilung, und da ich nur immer am Wochenende das Haus auf dem Berge aufsuchen konnte, vergingen darüber ein paar Wochen.

Eines frühen Sommermorgens, ich schlief bei weitgeöffneten Fenstern in einer Stube im ersten Stock, erschien die Katzenmutter, die am Spalier heraufgeklettert war, im Fensterrahmen. Sie wartete, taktvoll wie jede Katze, bis ich sie rief, kam dann ins Zimmer, wartete wieder am Bettfuß und erhielt schließlich die Erlaubnis, ins Bett zu kommen. Sie begrüßte mich mit freundlichem Schnurren, ließ sich eine Weile streicheln und ging dann wieder weg – Katzen haben ihre eigenen Ansichten über den Menschen und ihren eigenen Willen, und will eine Katze weggehen, so kann sie nichts und niemand daran hindern.

Aber nach einer Weile erschien sie wieder am Fenster. Das Eintrittszeremoniell begann sich zu wiederholen, doch nun sah ich, daß sie etwas im Maul trug, was ich zuerst für einen gefangenen Maulwurf gehalten hatte. Das trug sie mir ins Bett und legte es vor mich hin. Es war ein junges Kätzchen. Sie ließ es bei mir liegen, ging wieder weg und kehrte nach einer Weile mit ihrem zweiten Sprößling zurück. Nun blieb sie da und ließ sich unter behaglichem Schnurren streicheln, blickte stolz zu mir und auf ihre Kinder und war sichtlich zufrieden, sie nun so gut geborgen zu wissen.

Niemals hatte ich die Katzenmutter selbst gefüttert, und nur einmal pro Woche kam ich ins Haus. Katzen verbergen ihre Jungen, solange sie noch so klein sind, oft sogar vor den Hausleuten und umso mehr vor einem fast Fremden wie mir. Es war somit der größte und äußerste Beweis unbedingten Vertrauens der Katzenmutter zu mir gewesen, mir ihre Jungen zu übergeben. Und es hatte komplizierter Gedankengänge im Katzengehirn bedurft, mich vor den Hausleuten, die sie ja doch fütterten und stets gut behandelten, so auszuzeichnen.

Die Kätzchen wuchsen heran, und sooft man in den Heustadel kam, hörte man sie rascheln im Heu oder sah sie auf der Tenne spielen. Eines Abends löschte ich die Lampe auf dem Tisch der Bauernstube und stellte als einzige Beleuchtung eine brennende Kerze mitten auf den Fußboden. Dann holte ich die beiden Kätzchen. Ihren Heustadel kannten sie genau. Die Stube aber war ihnen eine fremde Welt. Und gänzlich fremd und neu war ihnen das leuchtende kleine Ding mitten auf dem Fußboden der sonst dunklen Stube. Unsicher blinzelten sie es an und kamen langsam näher. Dann entschloß sich eins der beiden Kätzchen, das seltsame Ding näher zu untersuchen. Es schlich auf die Kerze zu und schnupperte mit dem Näschen an der ruhig brennenden Flamme. Entsetzt sprang es gleich darauf mit allen vier Beinen zugleich in die Luft und rieb sich das verbrannte Näschen mit der Pfote. Aber dann geschah etwas Verwunderliches. Bedächtig und tapfer ging es ein zweites Mal auf die Flamme zu und hielt wieder das Näschen hin. Und erst jetzt, nachdem es sich die Nase zum zweiten Mal schmerzlich angesengt hatte, war es überzeugt, daß dieses leuchtende Ding zum Riechen ungeeignet sei.

Aber das Katzenexperiment mit dem Licht war noch nicht zu Ende. Das zweite Kätzchen nämlich hatte alles aufmerksam mit angesehen – und nun wiederholte sich alles ganz genau wie beim erstenmal: Auch das zweite Kätzchen ging auf das Licht zu, schnupperte an der Flamme, und erst als es sich das schmerzende Näschen zum zweiten Mal reiben mußte, machte es fortan wie sein Geschwisterchen einen respektvollen Umweg um die stilleuchtende Flamme.

Es war sehr lehrreich gewesen, und ich erforschte mein Gewissen, ob ich selber nicht oft dümmer gewesen war als die jungen Katzen, die augenscheinlich einen Fehler grundsätzlich nur zweimal machen und dann nie wieder.

Vom Denken und Fühlen der Tierwelt, die ihm seit Jahrtausenden dient, weiß der heutige Mensch in der Regel nahezu nichts. Sein eigenes Denken und Fühlen macht ihm so viel zu schaffen, daß er für die stumme Kreatur, deren Schicksal er ist, nicht viel übrig hat. Unbewußt vielleicht auch deshalb, weil ihm sonst vor der eingebildeten eigenen Gottähnlichkeit wie auch vor der Menschenähnlichkeit des Tieres bange würde. Dies umso mehr, als ihn das Tier an Vorzügen, die angeblich nur den Menschen zieren, zuweilen peinlich übertrifft.

Auf einmal war er da. Ein großer, schöner Wolfshund. Ohne Halsband und Marke. Alles stumme Elend eines verlaufenen Tieres schaute aus seinen Augen. Nach einer großen Familienberatung beschließen wir, ihn vorläufig zu behalten. Und als sich – zu unser aller Erleichterung – kein Besitzer meldet, wird diese vorläufige zur Dauerlösung. Jetzt ist er unser Hund. Wir können aber nicht erfahren, wie er heißt. Aller Hundenamenvorrat wird an ihm ausprobiert, doch in seinen aufmerksamen und klugen Augen leuchtet es nicht auf. Ein Sachverständiger wird zu Rate gezogen, und der behauptet, der fremde Hund sei auch in einer fremden Sprache erzogen. Das umgibt ihn mit dem Nimbus des Geheimnisvollen, und also nennen wir unsere Familienerweiterung „Wolf".
Wolf wollte nicht als unnützer Bettler herumlaufen, er wollte arbeiten, einen Herrn haben und ihm mit allen seinen Kräften eifrig und treu dienen. Zunächst wählte er sich unseren Jüngsten zum Herrn, danach die beiden anderen Söhne. Begeistert begleitete er sie gegen acht Uhr morgens vom Berge hinunter in die Stadt. Aber da gab es stets schwere Enttäuschung, denn jeder der drei verschwand Tag für Tag in einem großen, für eine Hundenase gänzlich reizlosen Haus und kam erst nach vielen Stunden wieder zum Vorschein. Und waren die drei daheim, hatten sie neuerlich kaum Zeit für ihn und saßen stundenlang unbe-

weglich an einem Tisch. Sinn und Nahrhaftigkeit solcher Tätigkeiten einzusehen, ist oft schwer genug für den betroffenen Zweibeinigen; aber einem Vierfüßler muß die ausdauernde Beschäftigung mit Papier, in das keinerlei Würste eingewickelt sind, völlig unerklärlich scheinen.

Nachdem es Wolf nicht gelungen war, in einem der drei seinen ersehnten Herrn zu finden, setzte er alle seine Hoffnungen auf mich. Er begann, meine Lebensgewohnheiten zu belauern. Aus der Lage von Hüten, Mänteln und Schuhen schloß er messerscharf auf meine Absichten. Mit Triumphgebell stürzte er mir nach, wenn ich schon geglaubt hatte, ihn überlistet zu haben, und ging in der Stadt stolz an meiner Seite. Aber auch mit diesem Herrn machte Wolf dieselbe schlechte Erfahrung, denn auch der hatte die Gewohnheit, lange Zeit in großen Häusern zu bleiben, in denen Hunde nicht willkommen waren.

Endlich aber fand er doch seinen richtigen Herrn. Es war diesmal sogar ein großer, mächtiger und einflußreicher Herr. Leer ging er täglich des Morgens hinunter in die Stadt, und mit vielen Paketen beladen, die ganz anders rochen als die Schultaschen der drei Studenten, kam er dann nach Hause. Vor allem jedoch besuchte er jeden Tag den großen Raum, in dem es herrlich briet, schmorte und duftete nach allerhand unerhörten Genüssen. Dem Hausbesorger galt von nun an alle Ehre und das nicht geringe Maß von opferwilliger Liebe und Treue, deren eine Hundeseele fähig ist.

Doch der arme Wolf hatte auch diesmal nicht wirklich Glück. Viel schlechter als die Tiere vertragen die meisten Menschen auf die Dauer unverdient gute Tage und unkontrolliertes Vertrauen. Der Hausbesorger wurde seines Amtes entsetzt und verschwand in der Vorstadt. Mit ihm verschwand aber auch Wolf. Tage und Nächte saß er nun vor der Haustür und schließlich vor dem Gartentor des entlassenen Hausbesorgers. Er wurde von ihm mit eiskaltem Wasser überschüttet und mit Steinen und Schneebällen beworfen. Die Hundetreue hielt stand. Doch diese letzte große, nicht zu begreifende Enttäuschung hatte ihm zweifellos schweren moralischen Schaden zugefügt. Wolf gewöhnte sich zwar nach und nach wieder an unser Haus; aber nun gab er es auf, einen Herrn zu suchen, den er lieben und dem er dienen könnte. Er machte sich selbständig und begann zu bummeln.

Wenn der Tag keinen Herrn hat, keine Aufgabe und keinen Sinn, dann geraten Tier wie Mensch ins Herumlungern und Vagabundieren. Es geht immer weiter und immer schneller bergab. Wenn man nicht an den Tisch des Lebens findet, dann ernährt man sich aus seinen Abfällen. Als Wolf noch stolz dem paketbeladenen Hausbesorger zur Seite gegangen war, hatte er Mülltonnen und Mistkisten keines Blickes gewürdigt. Nicht einmal die sehr inhaltsvollen in der Marktgasse. Dort aber begegnete ich ihm nun oft, und zuweilen ertappte ich hin sogar an den großen Abfallkisten. Er schämte sich sichtlich, wenn sich dabei unsere Blicke trafen, wedelte bittend und begleitete mich, lebhaft erfreut über meine unerwartet teilnahmsvolle Miene, ein Stück meines Wegs. Eine Art neuer Freundschaft war im Werden. Aber die Marktgasse siegte. Schließlich wedelte er mir nur noch von ferne zu und verschwand bald wieder. Da und dort traf man ihn zufällig, allein oder mit seinesgleichen. Zuerst saß er abends noch mit scheuen Augen und schlechtem Gewissen in seiner Hütte, bald aber blieb er tagelang weg.

Weil er keinen Menschen fand, der für seine ganze Liebe Verwendung gehabt hätte, war er nun zu allen Menschen freundlich. Aber solch unterschiedslose Nächstenliebe bekommt auch einem Hunde schlecht. Wiederholt wurde ihm, der selber nie etwas gestohlen hatte, die Hundemarke oder das Halsband oder beides zusammen entrissen. Seine Meinung von den Menschen konnte es nicht mehr verschlechtern, er hatte wohl von sich selbst keine hohe Meinung mehr. Die

Menschen hatten seine Dienste und seine Treue nicht gebraucht; so verzichtete er nun von sich aus auf alle höheren Ambitionen und kam freiwillig auf den Hund. Er wurde ein herrenloser und arbeitsloser Vierfüßler.

Dauert es allzu lange, so nimmt solch müßiges und hoffnungsloses Herumtreiben bei Mensch und Tier ein schlechtes Ende. Nicht der Hundefänger wurde sein Schicksal und nicht irgendein mächtiger Metzgerhund. Dem einen entwich er mit List und Glück, gegen seinesgleichen wußte er sich tapfer und behend zu wehren. Aber im Süden der Stadt fließt ein Bächlein dem Berge zu, zunächst zwischen Blumenwiesen. Und je weiter es sich dem dort sanft ansteigenden Berge nähert, desto höher und steiler werden seine Uferränder, bis schließlich der ganze Bach von einem Loch im Berge verschlungen wird. Im finsteren unterirdischen Gewölbe fließt er durch den ganzen Berg und kommt erst bei einem Rechen am anderen Ende wieder ans Tageslicht.

Eines Morgens läutete das Telefon. Der Aufseher am Rechen rief uns an, ein Hund sei durch den Tunnel geschwemmt worden und hänge nun tot am Rechen. Es war unser Wolf. Er mag nach staubigem Herumtrotten sich in dem harmlos durch die Wiesen fließenden Bächlein gekühlt haben; dann trieb es ihn unmerklich aber unentrinnbar dem Tor des Todes zu. Daß er sich in unterirdischer Nacht tapfer bis zum letzten Atemzug gewehrt hatte, sah man an den zerwetzten Krallen und den aufgerissenen Pfoten.

In einem Handwagerl brachten meine drei Söhne den steifen Hundekadaver herauf auf den Berg – eine törichte und umständliche Sentimentalität, denn Tierleichen holt der Wasenmeister. Aber wir waren uns alle einig, daß der fremde Hund, der bei uns ein neues Schicksal, so viele Enttäuschungen und einen einsamen Tod gefunden hatte, auch ein Grab verdient habe. Nachdenklich und mit einer Art von schlechtem

Gewissen über unsere Trauer standen wir vor dem Hundegrab unter den hohen Fichten im Garten. Es war doch nur ein Hund . . .

Aber war das alles nur „Instinkt" gewesen? Bleibt nichts übrig von den ehrlichen und bitteren Mühen dieser Hundeseele? Manche Religionen des Morgenlandes haben auch das Tier gebührend eingereiht in die Stufenleiter, die vom Niederen zum Höheren führt. Und sie erklären sich die seltsame und oft erschütternde Menschenähnlichkeit der hochorganisierten Tiere durch die Lehre von der Wanderung der Seele – im Sinne eines Aufstiegs oder einer Läuterung; wer sich als Mensch nicht menschlich genug benommen hat, dessen Seele bewohnt bei der nächsten Wiedergeburt einen Tierkörper, lebt darin ihr leidvolles Leben oder duldet alle Höllenqualen, die menschlicher Unverstand, Roheit oder Habgier der hilflosen Kreatur zufügt.

Der Seelenwanderungsgläubige würde diese Hundetragödie, die uns zufällig und sinnlos scheint, sinnvoll zu deuten wissen: Vielleicht ist er zum letzten Mal Tier gewesen; vielleicht war dieser Hund schon einmal Mensch, aber einer, der sich aus Hochmut oder Faulheit geweigert hat, zu dienen und zu arbeiten. So hatte er in Hundegestalt dieses Elend durchleben müssen, keinen Herrn zu haben und nicht dienen zu dürfen.
Aber nun war die Strafe dieses Hundelebens zu Ende. Wie alles, was lebt, erscheint auch er einst wieder im Rade der Geburten, um dann die Seligkeit zu erleben, einem Herrn, einer Idee oder einem höherstehenden Wesen begeistert und treu sein Leben lang dienen zu dürfen.
Der Mensch kann sich nichts Besseres wünschen. Dient er nicht mehr einem Höheren, dann verbummelt er, gewinnt Geschmack an den Abfällen des Lebens, gerät in die Marktgasse und kommt damit auf

den Hund. Am Ende dieses herrenlosen Daseins wird er durchgeschwemmt durch trostlose Nacht und hängt schließlich mit unzähligen seinesgleichen am großen Ernterechen des Todes.

Als wir den Hund begruben, war es Frühling, und die Osterzeit stand vor der Tür, das große Fest der Auferstehung von den Toten. Unsere eigenen religiösen Schriften verheißen uns die Auferstehung der Menschenseele – auch dem ärmsten Wicht und dem schlimmsten Verbrecher. Das Christentum lehrt Erbarmen und Güte für alle Wesen. Da ist es wohl keine Torheit anzunehmen, daß im ungeheuren und unermeßlichen Plan der Schöpfung auch ein Hundeleben nicht umsonst gelebt ist.

Auf meinem Schreibtisch liegt ein Stein als Briefbeschwerer. Sein unteres Ende hat eine scharfkantige Rundung, die an ein Beil erinnert. Und in der Tat ist es ein steinernes Faustbeil aus grauer Vorzeit. Da liegt es nun neben Tischtelefon, Radio und Schreibmaschine und all den anderen Errungenschaften unserer modernen Zeit. Was können wir doch alles besser als der Urmensch, dessen armseliges Werkzeug hier auf meinem Tisch liegt! Eines aber hat er sicher viel besser gekonnt als wir Heutigen: „Allen Gewalten zum Trotz sich erhalten." Was sind wir doch für verzogene und verzärtelte Urururenkel; wieviel wertvolle Fähigkeiten und Kräfte unserer Vorfahren aus der Steinzeit haben wir verkommen lassen, vergessen, sind uns verlorengegangen.

Doch einen gewichtigen Trost gibt es: Gemessen am Alter der Menschheit ist unsere Zivilisation nur eine dünne Lackschicht. Darunter sind so viele Eigenschaften des Urmenschen noch da. Aber die Menschen von heute brauchen entsetzliche Kriege, um wieder zu entdecken, was alles in ihnen steckt. Erst die Not lehrt wieder auf die eigenen Kräfte und Fähigkeiten vertrauen. Ich bin dankbar, daß ich das schon im tiefsten Frieden wußte und vieles in meiner Lebensweise darauf aufbauen konnte.

Der Urmensch ging barfuß, und ein sehr großer Teil der Menschheit läuft auch heute noch ohne Schuhwerk über die Erde. Der Städter aber bildet sich ein, daß er das auch auf dem Lande nicht mehr kann. Der Mensch ist seit Zehntausenden von Jahren barfuß herumgelaufen; deshalb ist seine Haut in höchstem Maße anpassungsfähig. Ein gesunder Mensch kann seinen Füßen dank dem unverlierbaren Erbe unserer Urväter sehr viel zutrauen. Großes Staunen erregte ich daher auf allen Hochgipfeln, wo ich lautlos und scheints gewichtlos mit bloßen Füßen auftauchte. Und nie vergesse ich das fassungslose Gesicht eines Briefträgers, der mich einmal in einem verfrühten Oktober-Schneetreiben barfuß auf der Landstraße antraf.

Meine Schulkinder *durften* barfuß gehen. Das Schuhetragen verhängte ich als Strafe – denn ein wüstes Gepolter auf der Stiege verrät jede Klasse, die nach dem Unterricht das Schulhaus verläßt. Meine Klasse aber schlich sich mit der Geräuschlosigkeit von Indianern hinaus und vergnügte sich draußen an den erstaunten Gesichtern der später nachkommenden lärmenden Kollegen.

Sicher, man tritt sich manches Mal Dornen oder Nägel in die Sohlen. Aber auch dagegen gibt es ein wohl steinzeitaltes unfehlbares Mittel in Form von Baumwachs, das nicht nur herrlich duftet, sondern auch alle Wunden von Schmutz und Splittern reinigt und sie in kürzester Zeit heilen läßt. Der Mann, dem mein Steinbeil einst gehörte, hat das zweifellos gewußt. Wir aber haben es, wie so vieles andere, längst vergessen.

Noch etwas konnte der Urmensch mit Sicherheit viel besser als wir: hungern. War das Wetter oder die Jagd schlecht, dann gab es oft wohl viele Tage nichts zu essen. Das war normal. Wir aber haben uns in eine klägliche Abhängigkeit vom Futtertrog begeben. Wer es jedoch ernsthaft anstrebt, dem macht es bald wenig aus, mehrere Tage weder zu essen noch zu trinken. Das gibt eine herrliche Unabhängigkeit, um die man von jedermann beneidet wird.

Sehr wahrscheinlich war der Urzeitmensch kein Uhrzeitmensch: Er stand mit der Sonne auf und ging mit der Dunkelheit schlafen. Wir aber verschlafen des Tages allerschönste Stunden, den heraufsteigenden Morgen mit seiner Feierlichkeit und Arbeitsstille.

Daß ich mir von diesen und anderen Urmenschgewohnheiten manche gerettete Reste erhalten habe, verdanke ich es, trotz schwerster körperlicher und seelischer Strapazen auch im achten Lebensjahrzehnt noch bei recht frischen Kräften zu sein. Und das Steinbeil auf meinem Schreibtisch mahnt mich täglich, daß der Kulturmensch das Erbteil nicht ganz vergessen sollte, das ihm sein urzeitlicher Vorfahre hinterlassen hat.

Im Laufe so vieler Jahrzehnte liest mancher viele tausend Bücher, und ich habe mich zeitlebens vorrangig mit ihnen beschäftigt. Der Bücherkasten meiner Milchwagerlzeit gewährte mir seine Schätze, es folgte in der Studentenzeit die Studienbibliothek mit ihrer schier unendlichen Bücherfülle, übertroffen nur noch durch die steiermärkische Landesbibliothek, von der ich vor vielen Jahren in meine steirische Bergeinsamkeit so viel Lesestoff kistenweise und portofrei bekommen hatte, wie ich nur wollte.

Inmitten meiner Bücherwände stehend, kam mir oft der Gedanke: Was bleibt? Was überdauert die Jahrhunderte? Was ist das Wertvollste, Tiefste, Gehaltreichste von dieser Unmenge bedruckten Papiers?

In all den Jahrzehnten habe ich immer wieder drei Bücher zur Hand genommen, bald das eine, bald das andere, oft alle drei zugleich. Diese drei haben mir mehr Kopfzerbrechen bereitet als meine ganze übrige Bibliothek zusammengenommen. Alle drei sind Geschichtenbücher, aber es stehen darin Geschichten von ganz besonderer Art. In allen drei Büchern mengen sich überirdische Wesen, Götter oder Geister in das irdische Geschehen; das verleiht den Geschichten oft eine seltsame Mischung aus größter Wirklichkeitstreue und märchenhaftester Phantastik. Diese drei Bücher umspannen die letzten drei Jahrtausende der Weltgeschichte; das älteste ist rund dreitausend Jahre alt, das andere eintausend und das dritte hundert Jahre. Um den Betrag, den man an einem einzigen Tag für sein Essen ausgibt, hat man sie alle drei in der Hand: den ganzen Homer, die Bibel und Goethes Faust – also die Bibel der alten Griechen, die christliche Bibel und die Bibel vieler Gebildeter unserer Zeit.

Jedem, der einen Blick in sie tut, muß schon bei flüchtigster Durchsicht ihre Zweiteilung auffallen. Der Homer besteht aus Ilias und Odyssee, und Altes und Neues Testament sind so verschieden voneinander wie Faust Erster und Zweiter Teil. Kann eine Vereinigung von jeweils zwei so grundverschiedenen Teilen zu einem Ganzen bloßer Zufall sein – oder steckt dahinter eine bedeutungsvolle Absicht?

Aufmerksam vergleichendes Studium zeigt einen allen dreien gemeinsamen Aufbau. Alle drei Bücher sind in ihrem ersten Teil erfüllt von wildem Geschehen, von Kampf und Streit, Untergang und Zerstörung. Und in allen dreien wird es im zweiten Teil friedlicher und stiller, und eine Gottesgestalt steigt zuletzt in jedem der drei Bücher vom Himmel und bringt den Frieden. Die drei, voneinander zeitlich durch Jahrtausende getrennten, inhaltlich so unendlich verschiedenen Bücher sind in ihrem tiefsten Grunde wesensverwandt.

Diese Idee ist gewiß nicht neu. Goethe gilt als größter Dichter und Denker der Deutschen und das Faustgedicht als sein größtes Werk. Und gerade für die wichtigsten und entscheidendsten Stellen seiner Faustdichtung hat Goethe aufs ausgiebigste den Homer verwendet und die Bibel. Diese beiden lagen dauernd auf seinem Arbeitstisch, und von beiden spricht er immer wieder in den allerhöchsten Tönen der Begeisterung. Tausende von Büchern hat er in seinem langen Leben gelesen, und von keinem zitiert er in seiner Faustdichtung auch nur eine Zeile. Aber der Faust beginnt und endet im christlichen Himmel, und sehr große Teile im Verlauf des Werkes entlehnt Goethe der heidnischen Bilder- und Gedankenwelt Homers. Aus diesen beiden, drei Jahrtausende umspannenden Menschheitsdichtungen macht Goethe eine dritte. Eine Deutung seines Faust muß daher zugleich eine Deutung der Bibel sein und eine Deutung des Homer. Und umgekehrt: Wem es gelänge, in Goethes Faustdichtung auch seine Deutung der Bibel und der homerischen Mythen aufzuspüren – der käme dadurch auch zu der auf diesen beiden fundierten Deutung des Faust! Dem täten sich drei Tore auf einmal auf, die Tore zu den größten geistigen Schätzen der letzten drei Jahrtausende.

Über wenige Kunstwerke in der Welt sind wohl jemals die Meinungen so auseinandergegangen wie über Goethes Faustdichtung. Er selbst schwieg dazu zeitlebens und hatte nur den lapidaren Ratschlag bereit: „Den besten Köpfen sei das Stück empfohlen!"
Es würde wohl bedenklich an Größenwahn grenzen, wollte ich es mit den besten Köpfen aufnehmen oder mich gar in ihre Reihe stellen. Doch schon als Kind hatte ich im Bücherkasten jener großzügigen Witwe den Doktor Faustus aufgestöbert und fasziniert gelesen. Jahrzehntelang kaufte ich mir alle Bücher, die über Goethes Faust erschienen. Ich maße mir also an, zum mindesten eine begründete und wohlfundierte Meinung zu diesem größten Werk unseres größten Denkers mir in all den Jahrzehnten erarbeitet zu haben. Und es scheint mir völlig undenkbar, daß dieser große Geist sich bis ins Greisenalter abgemüht haben sollte, bloß ein gereimtes Geschichtenbuch zu schreiben. Nein, in seinem Faust wollte Goethe das Tiefste

und das Beste geben, was ihn das Leben gelehrt hatte. Das Leben aber hat seine Tiefen und seine Geheimnisse; deshalb kleidete Goethe diese seine Erkenntnisse, die sich nur dem Gereiften erschließen, in jene verschlüsselte Sprache, deren sich auch die Bibel und die Dichtungen Homers bedienen, um ihre immergültigen Wahrheiten zu vermitteln: in die Sprache der Bilder und Gleichnisse. Dem greisen Goethe wurde alles und jedes in seiner letzten Dichtung zum Bild und zum Gleichnis des Menschenschicksals.

Behauptungen, Überzeugungen dieser Art können nur die Frucht gewissenhaftester und sorgfältigster Prüfung eines übergroßen Materials, der Anlage genauester Wörterbücher, Verzeichnisse, Tabellen und Diagramme sein. Sehr viele Jahre saß ich dabei, viel Leben habe ich an mir vorübergehen lassen, Grübeln und Denken von Zehntausenden von Stunden habe ich an diese würdigste aller Aufgaben verwendet. Die Zukunft wird lehren, ob alles heiße Bemühen nur die arbeitsreiche Schrulle eines verbohrten und unbelehrbaren Dilettanten war – oder aber die Erschließung von kostbarstem Gedankengut durch einen fleißigen Außenseiter.

Als Bauernkind erlebte ich es öfter, daß der erste Schnee schon kam, wenn nach einem kalten Sommer die Ernte noch auf den Feldern stand und die Früchte noch an den Bäumen hingen. Vieles davon erfror und verdarb, und nur ein Teil des erhofften Ertrags konnte nach solch einer Ernte im Schnee noch gerettet werden. Allem, was spät reift, droht diese Gefahr, auf jeden Spätherbst, der alles erst zur vollen Reife bringt, lauert ein früher Winter. Die Gefahr ist umso größer, je besser und ergiebiger die Ernte, die einzubringen ist, bevor die Tage kürzer werden und die ersten kalten Flocken tanzen.

Auch der Mensch und seine Hoffnungen blühen im Frühling des Lebens, reifen im Sommer, und der Herbst bringt die Ernte ein. Was mir im Hochsommer und im langen Herbst meines Lebens reifte, hätte ich noch gern eingebracht. Schon vor vielen Jahren habe ich begonnen, meine Studien und die Ergebnisse daraus in einem großen Werk über Goethes Faust niederzuschreiben. Ich zerlegte die Dichtung in sieben in sich geschlossene Teile und schuf dazu einen Einführungsband und einen Schlußband. Ich habe dieses Werk vieler Jahre zu drei Vierteln fertiggestellt – bis ich erfahren mußte, daß kein Verleger zu finden war, der seine Drucklegung wagen wollte.

Nun gestaltete ich den Einführungsband, der eine einheitliche Deutung von Homer, Bibel und Faust versucht, zu einem selbständigen und völlig neuen Buche um – wiederum eine jahrelange sorgfältige Denkarbeit; aber ihr Ergebnis stand so sehr im krassen Gegensatz zur bisherigen Literatur und zu den bisherigen Denkgewohnheiten über diese drei Bücher, daß mehr als ein Dutzend Verleger es ablehnte.

Mittlerweile war der Zweite Weltkrieg ausgebrochen. Wieder setzte ich mich hin und schrieb nun eine kurze Quintessenz all meiner Jahrzehnte währenden Faustforschung, die ich „Faustfibel" nannte. Ein ganzes Jahr lang trug ich sie zur Post, und ein ganzes Jahr lang erhielt ich sie immer wieder zurück – bis endlich, nach bitteren Jahren fruchtlosen Bemühens, eine positive Antwort kam: Ein großer Verleger in Leipzig erbat sich drei Wochen Zeit, mein Werk zu studieren. Doch als nun, nach 22 Jahren seit der ersten Niederschrift, der Druck endlich beginnen sollte, da regnete es Feuer vom Himmel, und die Reiter der Apokalypse sprengten über die aufgerissene und besudelte Erde. Im Bombenhagel auf Leipzig verbrannte das Druck- und Verlagshaus und mit ihm die Frucht all meines mühsamen Schaffens, die „Faustfibel".

Mein Haar ist mit den Jahrzehnten erst grau geworden und nun schließlich weiß. Der Winter kommt. Vieles wird verderben, und bestenfalls gibt es eine dürftige Ernte im Schnee . . .

Nach über siebzig Jahren wird es für mich Abend, wird es Winter. „Von Sieg und Ruhm hab' ich verwirrt geträumt", sagt der Kaiser im Faust. Aber es ist eine unverhoffte Gnade des Schicksals, daß es mir, dem lebensschwachen Siebenmonatskind, ein über siebzigjähriges Dasein gewährt. Ich habe einiges recht gemacht und vieles schlecht gemacht von dem, was es mir aufgegeben hat. Aber ich habe mich Tag um Tag bemüht, sein buntes Bilderbuch zu deuten, wie ich es verstand. In seiner ersten Hälfte war ich der reiche Arme, erlebte als Bauernbüblein, als Student und Dorfschullehrer zwar viel Leid und Not, doch auch viel unbeschwerte Freuden; in allem Mangel fühlte ich mich reich beschenkt.

Die zweite Hälfte meines Lebens war ich der arme Reiche. Die tiefsten Furchen in meinem Gesicht haben diese Jahrzehnte eingegraben. Da habe ich mit Mephisto, Raufebold, Habebald und Haltefest im harten Lebenskampf meine Schlachten geschlagen, habe dem unbegrenzten Strand der Möglichkeiten einiges Land abgerungen und in langen Arbeitsjahren Dämme gebaut um das Erkämpfte und Erarbeitete.

Nun stehe ich im Alter und nach der wilden Sturmflut des Zweiten Weltkriegs allein auf dem wankenden Damm. Es wird Abend. Und es wird Zeit, nach den Sternen zu schauen, die unbewegt und seit Jahrtausenden auf die Eintagsfliege Mensch herabblicken. Ist unter ihnen auch ein Stern der Hoffnung? Zu allen Zeiten haben alle Völker der Erde den Himmel nach ihm abgesucht. Endet der Mensch wie das Tier? Sind die letzten Dinge allen Mühens, allen Lebens nur Fäulnis und Vernichtung?

„Ich komme und weiß nicht, woher; ich gehe und weiß nicht, wohin; mich wundert, daß ich fröhlich bin!" Eine unendliche Stufenleiter des Lebens, so las ich schon als Student, führe vom einfachsten Lebewesen über Pflanze und Tier hinauf zum Menschen. Es wollte mir aber nie recht einleuchten, warum denn der Aufstieg vom Affen zum Menschen mit der gegenwärtig erreichten Form plötzlich und endgültig beendet sein sollte. Viel und vielerlei habe ich im Lauf meines Lebens über diese Fragen gelesen, Wände von Büchern haben sich um mich angesammelt, und manches Büchlein aus der Kindheit hat sich bis in die Tage meines Alters herübergerettet; hart abgedarbte Erwerbungen der Studentenzeit stehen neben den stolzen Bücherreihen aus späteren Jahren. Was mir wichtig erschien, habe ich stets mit Bleistiftstrichen angezeichnet – und so reden diese Striche noch nach Jahrzehnten von vergangenem Denken, Suchen und Meinen.

Weil ich mir grundsätzlich auch alle meinem eigenen Standpunkt widersprechende Literatur zu verschaffen suchte, ist meine Bibliothek eine unterhaltsame und lehrreiche Versammlung von Weisen und Unweisen aus allen Zeiten und Völkern geworden. Dabei geriet ich jedoch immer weiter zurück in alte, halbverschollene Weltanschauungen. Die Mythendichtungen der alten Völker hielten mich zuletzt endgültig fest; je mehr ich ihre Sprache verstehen lernte, umso größer wurde meine Ehrfurcht vor den geistigen Schätzen, die sie uns in der Sprache der Bilder und Gleichnisse überliefern.

Die alten Mythen erzählen wenig oder nichts davon, daß der Mensch von unten komme. Aber den ganzen langen Weg vom sterblichen Menschen bis hinauf zu den unsterblichen Göttern erfüllen sie mit allerlei Gestalten, und die Dichter sorgen dafür, daß man sich von dem Unvorstellbaren, Unbegreifbaren wenigstens „ein Bild machen" kann. Sie bauen einen Olymp und füllen ihn mit Halbgöttern oder Göttern oder statten einen Himmel aus mit Engeln und Erzengeln und einem Pförtner am Himmelstor. Alle Hoffnungen der Menschheit, alle Religionen der Völker sind aufgebaut auf dem Fühlen und Ahnen, daß es einen Weg gibt vom Dunkel zum Licht, von den Gräbern zu den Sternen. Aber er führt durch die geheimnisvolle Pforte des Todes.

Aus Ägypten habe ich mir einst ein Bild mitgebracht, das eine Szene aus dem viele Jahrtausende alten Totenbuch der Ägypter wiedergibt: Der Verstorbene wird von einem Unterweltsgott zu einer Waage geführt. Neben dieser sind zwei Gestalten zu sehen: ein Schreiber, der das Wägeergebnis festhält, und ein seltsames, aus vier Tieren zusammengesetztes Wesen. Auf der Waage wird nicht etwa der ganze Mensch gewogen, sondern nur sein Herz. Ist der Waagebefund günstig, so tritt die Seele frei vor den Thron des Osiris. Im andern Fall wird sie verschlungen von dem aus den vier Elementen zusammengesetzten Tier, dem „Schattenfresser".
Das lehren mich die großen Bücher aller Zeiten, vom Totenbuch der alten Ägypter bis hin zu Goethes Faust: Man nimmt nur sein Herz mit hinüber ins Unendliche; alles andere lassen wir zurück.

Und also nehmen die alten Religionen den Tod nicht wichtig. Er ist ihnen nur ein schreckhaftes Abenteuer auf dem langen und geheimnisvollen Weg der Menschenseele.
Auf allen unseren irdischen Wegen hat sich unser Kopf manches recht nützliche Verdienst erworben. Auf dem Weg der körperlosen Seele aber gelten als Ausweis nur die Verdienste unseres Herzens. Wir sollten Wucher treiben mit unsrem Pfunde, den uns verliehenen Kräften von Herz und Kopf, auch wenn uns beides nicht davor bewahrt, zu irren und zu fehlen.
Die Irrtümer des Kopfes bringen uns in bloß irdische Ungelegenheiten, sie wiegen nicht schwer auf jener Waage. Aber schwer wiegen die Verfehlungen des Herzens. Denn nur das Herz verbindet uns mit dem Unerforschlichen und Ewigen, zu dem unserm Kopf jeglicher Zugang versagt ist.

Keiner tritt ohne Angst vor die Waage, auf der unser Herz gewogen wird. Denn auch wenn es nicht beladen ist mit schwerer Schuld, so lasten doch die vielen Unterlassungen: Wie viele gute Vorsätze hatten wir gefaßt, und wie wenig davon ist im trägen Dahinleben auch zur guten Tat geworden! Bedrückt stehen wir also vor der Herzwaage und blicken mit Ängsten auf den lauernden Schattenfresser. Der Tod hat uns unseren Leib genommen, der Schattenfresser wartet nun auf unsre Seele.

Ein Trost aber ist uns allen gegeben, eine große Hoffnung: Auch unser Wollen wird auf der Herzwaage gewogen, auch unsre Vorsätze werden uns gutgeschrieben im Buche des Lebens. Und dieses Guthaben kann uns retten aus diesem vergänglichen Dasein in ein unvergängliches.

BÜCHER,
DIE VOM LESEN
ZUM LEBEN
FÜHREN

Zum Anliegen einer neuen Reihe im Verlag Anton Pustet, Salzburg

Kann der Entschluß, ein Buch zu lesen, zu mehr Freude am Leben führen? Manchmal trifft uns ein Buch im Innersten und kann dort verändernd wirken – sofern es uns im rechten Augenblick begegnet. Es kann zur Frage werden und auch zur Antwort; es kann in Unruhe versetzen oder uns beruhigen, kann Hoffnung machen oder Mut zum Aufbruch.

Das kann es umso eher, je weniger es uns belehren will, je mehr es uns erzählt von Menschen, die uns ganz ähnlich sind in ihren Nöten und Problemen, und uns mit diesen Menschen miterleben läßt, wie jedes Leben reich und lohnend, bunt und lustvoll werden kann.

Dazu sind diese Bücher geschrieben: daß das Lesen zum Leben führt.

Die ersten vier Titel dieser Reihe stellen wir Ihnen auf den folgenden Seiten vor.

Hannelore Morgenroth
LEBEN MIT NEUEN FARBEN
Ein Weg
aus Eßsucht und Depression

Die Faszination einer seelischen Gesundung;
der verwirklichte Traum
vom Fußfassen im eigenen Leben;
die geglückte Entwicklung von Lebensunfähigkeit
und Selbstschädigung zu neuem Lebensmut;
ein Stück Lebensweg –
heraus aus depressivem Grau
zu neuer, bunter Farbigkeit:

Die 21jährige Beate kommt mit dem Leben nicht zurecht, quält sich mit Selbstmordgedanken und ißt immer wieder zuviel. Sie ist zwar „erwachsen" und lebt allein, doch im Innersten ist sie noch ein kleines, bedürftiges, hungriges Kind. In dieser Situation findet sie ein neues Zuhause – in der Person der Autorin des Buches und bei deren Familie. Die liebevolle, verläßliche Begleitung durch Hannelore Morgenroth hilft Beate, sich aus der immer wiederkehrenden Depression und Mutlosigkeit langsam zu befreien.
Wie Beate – in diesem Schutzraum ihrer „neuen Eltern" – sich öffnet in eine bunte Welt voller Zukunft – das liest sich spannend wie ein Roman. Und ist doch konkrete Wirklichkeit.
Eingebettet in die Schilderung dieses Weges, reflektiert die Autorin – anschaulich und allgemeinverständlich – den Prozeß dieser heilenden Beziehung.
Ein Buch für alle, die wie Beate auf der Suche sind nach „Menschsein", auch für alle, die in Beratung, Therapie oder Seelsorge nach neuen, kreativen Wegen suchen.
Ein Buch, das zum Helfen ermutigt!

---

120 Seiten, kartoniert, ISBN 3-7025-0264-5
öS 138,–/DM 19,80

Klaus Sejkora
MÄNNER UNTER DRUCK
Wege aus typisch männlichen Lebenskonflikten

Druck und Konkurrenz im Beruf;
der Mann zwischen den zwei Frauen;
Einsamkeit und Resignation
als Bilanz eines vorsichtigen Lebens;
der gewalttätige Mann;
der einsame Überarbeiter;
Krankheits- und Todesängste.

Sind Männer die problematischeren Menschen? Haben sie andere Probleme als Frauen? Größere? Wichtigere?

Viele Frauen haben in den letzten Jahrzehnten große Schritte aus dem Rollen-Leben hin zu mehr Mensch-Sein gemacht. Männer hinken da oft nach. Denn: Gibt es zum „Macho" noch andere Alternativen als den „Softie"? Und wenn es sie gibt: wie kommt „Mann" dorthin?

In der Schilderung von sechs konkreten Problemsituationen, in die Männer sich verstrickt finden, und im Nachzeichnen der entsprechenden Therapieverläufe (nach Tonbandabschriften) nimmt einen dieses Buch hinein in all die männlichen Frag-Würdigkeiten – so persönlich und unmittelbar, daß einem die Lektüre nicht selten „in die Glieder fährt" und anklopft am eigenen Leben; da fällt es schwer, die Türen verschlossen zu halten, und neue Räume tun sich auf . . .

Ein theoretischer Anhang erläutert die Konzepte der Transaktionsanalyse, indem er konkreten Bezug nimmt auf die im Buch geschilderten Fallbeispiele.

Ein Buch für Männer – und Frauen! –, die dem Mannsein neue Chancen einräumen wollen.

168 Seiten, kartoniert, ISBN 3-7025-0261-0
öS 198,–/DM 29,80

Elisabeth Bingel

JOHANNA LERNT NEIN SAGEN

Wie Eltern mit ihren Kindern Autonomie entwickeln

Was ist so positiv am Neinsagen?
Wie lernt ein Kind, Person zu werden?
Wo ist die Grenze
zwischen Selbstbehauptung und Trotz?
Macht ein selbstbewußtes Kind
die Eltern glücklich?
Kann denn ein Kind die Entwicklung
seiner Familie fördern?

Johanna A. wird als zweites Kind ihrer Eltern geboren. 14 Tage später – und von nun an 1¹/₂ Jahre lang allmonatlich – ist die Autorin dieses Buches Gast der Familie A., als Beobachterin und Begleiterin von Johannas „Mensch-Werdung" in diesen ersten 18 Monaten.

Der Leser erlebt in der Beobachterrolle hautnah mit, wie aus einem häufig mißmutigen kleinen Kind ein selbstbewußtes, autonomes Mädchen wird, das seinen Willen ganz selbstverständlich zum Ausdruck bringen kann.

Zugleich aber zeigt sich Erstaunliches: auch Johannas Eltern und ihr Bruder Oliver werden ihrer eigenen Person und ihrer Wünsche sicherer: Johannas Autonomie fördert auch die ihrer Familie!

Durch die Auswertung dieser monatlichen Videoaufnahmen sind wichtige Details erstmals sichtbar und überprüfbar geworden.

Ein Buch für alle, die mit (eigenen oder anderen) Kindern zu tun haben und dies als Chance sehen, sich gemeinsam mit ihnen zu entwickeln. Ein Buch für alle Erzieher/innen, Therapeuten – oder für Menschen, die einfach auf sich selbst neugierig sind.

264 Seiten, kartoniert, ISBN 3-7025-0262-9
öS 198,–/DM 29,80

Ursula Nack
SÜCHTIG NACH LIEBE
Psychotherapie einer Drogenabhängigen

*Drogensüchtig wird man nicht
aus bloßer Neugier, auch nicht,
um in der In-Szene als erfahren zu gelten –
die Drogensucht hat
ihre eigentlichen Wurzeln anderswo.*

Angst war Marjas bestimmendes Gefühl, bevor sie psychotherapeutische Hilfe suchte – ein Gefühl, das in einer Vielzahl unerhörter Botschaften des Körpers gründete, deren Sprache sie allerdings nicht verstand; denn was sollten Erstickungsanfälle, Schwindelgefühle und Herzrasen mit der Seele zu tun haben?

Erst der Weg zurück in Marjas Vergangenheit eröffnet ihr die konsequente Logik dieser Körpersprache. Da werden frühe Erlebnisse erinnert, werden Gefühle wach, die – damals aus guten Gründen – in den inneren Kerker verbannt wurden. Jetzt, da dessen Enge ihr Leben bedroht, ist es an der Zeit, behutsam diese alten Verliese zu öffnen.

Marjas Drogenabhängigkeit hatte erschreckende Dimensionen angenommen: ein stummer, gewaltvoller Hilfeschrei, ein paradoxer Appell an die Mitmenschen, in ihrer Selbstzerstörung die Sehnsucht nach Heilung zu sehen.

Dieses Buch ist geschrieben für Betroffene, die von der scheinbaren Ausweglosigkeit bedrückt, doch die Hoffnung nach Wegen aus der Drogenabhängigkeit nicht aufgegeben haben. Und es will Gefährdeten frühzeitig bessere Auswege aus ihren Problemen zeigen.

128 Seiten, kartoniert, ISBN 3-7025-0267-X
öS 138,–/DM 19,80